YVES GUYOT

L'INNOCENT & LE TRAITRE

Dreyfus et Esterhazy

LE DEVOIR

Du Garde des Sceaux

MINISTRE DE LA JUSTICE

Prix : 0,25 centimes

PARIS

AUX BUREAUX
DU
Siècle
12, Rue Grange-Batelière, 12

P.-V. STOCK et Cie,
ÉDITEURS
Galerie du Théâtre-Français,
9, 10 et 11.

1898

60ᵉ année

Le Siècle

60ᵉ année

Directeur politique : M. YVES GUYOT
Directeur - Administrateur : M. A. MASSIP

PROGRAMME DU « SIÈCLE »

Le Siècle représente la défense de la liberté, de la propriété, de la légalité, de la paix sociale, de la patrie, contre l'anarchie, contre la tyrannie socialiste, contre le collectivisme, contre la guerre sociale et contre l'internationalisme révolutionnaire.

Le Siècle représente l'égalité de tous les Français devant la loi, soit qu'elle protège, soit qu'elle réprime : la libre accession de tous les Français aux dignités et emplois, sans privilèges ni exceptions ; le respect des formes légales pour tous ; la responsabilité effective de tous magistrats, fonctionnaires, agents, militaires ou civils, qui violent la loi ; la subordination de la force publique aux pouvoirs civils, contre la conjuration qui, inspirée par les jésuites, a pour instrument la démagogie boulangiste et antisémite.

PRIX DE L'ABONNEMENT

	3 mois.	6 mois.	12 mois.
Paris	7 fr.	14 fr.	25 fr.
Départements	8 fr.	15 fr.	30 fr.
Union postale	10 fr.	18 fr.	35 fr.

Le numéro 10 centimes.

RÉDACTION ET ADMINISTRATION

12, Rue de la Grange-Batelière, 12
PARIS

PREMIÈRE PARTIE

L'Affaire Dreyfus devant le Public

I

Le Chantage contre Mercier

La *Libre Parole* fut fondée en 1892 : elle eut pour premier président de son Conseil d'administration M. Odelin, qui était l'administrateur des établissements des jésuites de 1882 à 1890, et pour rédacteur en chef M. Ed. Drumont, déjà connu par sa campagne contre les juifs. Tous les deux avaient été mêlés au boulangisme.

Le 29 octobre 1894, la *Libre Parole* demandait « s'il n'avait pas été procédé à une importante arrestation pour crime de haute trahison. »

L'*Éclair* répondait le lendemain que le fait était vrai.

Le 1er novembre, la *Libre Parole* publiait un article sous ce titre sensationnel : « ARRESTATION D'UN OFFICIER JUIF ».

Le *Petit Journal*, l'*Intransigeant* accusent le ministre de la guerre de vouloir étouffer l'affaire parce que « l'officier est juif ».

Le 5 novembre 1894, M. Ed. Drumont publie un article dont nous détachons le passage suivant :

« Regardez ce ministère de la guerre qui devrait être le sanctuaire du Patriotisme et qui est une caverne, un lieu de perpétuels scandales, un cloaque qu'on ne saurait comparer aux écuries d'Augias, car aucun hercule n'a encore essayé de le nettoyer. Une telle maison devrait embaumer l'honneur et la vertu ; il y a toujours au contraire quelque chose qui pue là dedans. »

L'article finissait en adressant des menaces à des députés : « Demain sans doute, ils applaudiront le ministre de la guerre lorsqu'il viendra se vanter des mesures qu'il a prises pour sauver Dreyfus. »

Le même jour, dans l'*Intransigeant*, Rochefort publiait un article commençant par ces mots :

« Le nommé Mercier, général de son état et ministre de la guerre par suite de circonstances indépendantes de sa volonté, aurait été, depuis plusieurs jours, pris au collet et jeté, avec la dernière brutalité, dans les escaliers de son ministère :

« 1° Parce que, après avoir refusé de faire arrêter le traître Dreyfus, il ne s'y est décidé que sous la menace d'un scandale que les honnêtes collègues dudit Dreyfus étaient résolus à provoquer ;

« 2° Parce qu'il a essayé de cacher et fait démentir officiellement l'incarcération du traître, bien que ce dernier fût depuis près de quinze jours à la prison du Cherche-Midi ;

« 3° Parce que, malgré les aveux complets du coupable, Mercier a fait annoncer qu'il n'y avait contre le traître que des présomptions...

« En voilà beaucoup plus que la Convention n'en aurait demandé pour fusiller le Ramollot de la guerre. »

Le 6 novembre, nouvelle attaque de la *Libre Parole*

contre le général Mercier. Le 7 novembre, Rochefort raconte qu'« un attaché au ministère de la guerre de passage à Bruxelles », lui « a dépeint la stupéfaction dans laquelle l'attitude louche du général Mercier avait plongé tout le personnel de son ministère. »

Qui donnait ces renseignements à la *Libre Parole*, à l'*Eclair*, à l'*Intransigeant ?* Evidemment des hommes bien renseignés, donc des hommes de l'état-major.

Pourquoi ? — Le général Mercier ministre de la guerre, hésitait, avait des doutes. Il fallait, par la menace, le forcer à marcher. Cela s'appelle, en termes civils, du chantage.

Le général Mercier vit qu'il avait tout à perdre, sauf l'honneur, en résistant et qu'il avait tout à gagner, sauf l'honneur, en cédant.

Il capitula.

II

La capitulation de Mercier

Nous savons la date exacte de sa reddition : c'est le 7 novembre.

Elle nous est indiquée par un article de Rochefort, paru dans l'*Intransigeant* du 8 novembre. Le général Mercier devient, avec le général de Boisdeffre le patriote, le grand homme, décidé « à aller jusqu'au bout, à faire fusiller Dreyfus »; ceux qui l'arrêtent, ce sont « ses collègues du Ministère et le Président de la République, Casimir Périer. » Lui, c'est un nouveau Boulanger.

Le général Mercier donne des gages dans une interview publiée le 28 novembre dans le *Figaro*. Il y dit qu'« il a eu des preuves criantes de la trahison de Dreyfus; qu'il les a soumises à ses collègues du Ministère.

« Il ne m'est pas permis d'en dire davantage, puisque l'instruction n'est pas close. Tout ce qu'on peut répéter, c'est que la culpabilité de cet officier est absolument certaine et qu'il a eu des complices civils. »

L'opinion était ainsi préparée par les journaux, organes des officiers de l'Etat-Major qui avaient mené l'affaire Dreyfus; *le Ministre de la guerre, après avoir résisté, s'était mis à leur tête, et lui, le chef de l'armée, déclarait l'accusé coupable trois semaines avant qu'il ne comparût devant le Conseil de guerre.*

III

Le procès Dreyfus

Le procès commença le 19 décembre.

Le Conseil de guerre était composé de la manière suivante : colonel Maurel, du 129e régiment d'infanterie, président; le lieutenant-colonel Echeman, du 154e régiment d'infanterie; les commandants Florentin et Patron, des 113e et 154e; le commandant Gallet, du 4e chasseurs à cheval; les capitaines Roche, du 39e de ligne, et Freystœtter, de l'infanterie de marine.

Le commandant Brisset était chargé de soutenir l'accusation.

L'interrogatoire de l'accusé se fit en public. Il déclara se nommer Alfred Dreyfus, âgé de trente-cinq ans, né à Mulhouse, capitaine d'artillerie breveté, détaché comme stagiaire au 1er bureau de l'Etat-Major général.

Aussitôt après l'appel des témoins, le Commissaire du gouvernement réclama le huis-clos. Me Demange demanda à poser des conclusions :

« Attendu que l'*unique pièce..,* »

Le Président l'interrompit brutalement.

« Il y a d'autres intérêts en jeu que ceux de l'accusation et de la défense! » dit le Commissaire du gouvernement.

Hélas! on s'en est bien aperçu.

Me Demange insista. Le Président se leva brusquement

en ordonnant au Conseil de se retirer. Après un quart d'heure de délibération, le Conseil prononça le huis-clos.

Il restait acquis que Dreyfus avait été condamné sur *une pièce unique*.

La manière sommaire dont avait procédé le Président du Conseil, les campagnes antérieures faites par la *Libre Parole*, l'*Intransigeant*, la protection que ces journaux accordaient au général Mercier, ses déclarations du 28 novembre, laissaient quelque doute dans l'esprit des gens impartiaux, qui se demandaient s'il n'y avait point en jeu, dans cette affaire, « *d'autres intérêts que ceux de la vérité et de la justice* ».

M° Demange disait : « On nous a mis un cadenas sur les lèvres ; aux yeux de tous, Dreyfus est coupable ; mais à part moi, dans mon for intérieur, *je demeure persuadé de la façon la plus absolue de son innocence.* »

Le 5 janvier eut lieu l'effroyable cérémonie de la dégradation de Dreyfus. Il protesta de son innocence avec une énergie que tous les journaux enregistrèrent, si prévenus qu'ils fussent. A la foule qui lui criait : « A mort ! A mort le traître ! » il répétait : « Je jure que je suis innocent ! »

Le lendemain matin parut dans le *Figaro* la conversation que le capitaine Lebrun-Renault, qui accompagnait Dreyfus, avait eue avec lui. Elle avait été recueillie par M. Olivier Clisson qui, revenant d'un voyage de quinze mois en Amérique, l'avait rencontré par hasard au Moulin Rouge. Cette conversation dut être exactement rapportée par le capitaine Lebrun-Renault et fidèlement reproduite par M. Clisson, puisqu'on y trouve l'énumération des articles du bordereau que personne ne connaissait, en dehors des personnes qui avaient assisté aux débats. Il n'y est question d'aucun aveu ni demi-aveu.

Beaucoup de personnes restèrent troublées et perplexes. M. Paul de Cassagnac regretta que le jugement eût été prononcé à huis-clos.

En dépit de tous les principes de droit, le gouvernement

proposa et le Parlement adopta la loi du 9 février 1895, loi spéciale pour un seul individu, à propos d'un crime commis antérieurement, en vertu de laquelle Dreyfus fut déporté à l'île du Diable, sous le climat meurtrier de la Guyane, au lieu d'être envoyé à la Nouvelle-Calédonie.

Le silence se fit, seulement troublé de temps en temps par les journaux antisémites qui, arguant du cas de Dreyfus, dénonçaient les officiers juifs et demandaient leur expulsion de l'armée.

IV

Les déclarations de l'État-Major et la pièce secrète

Le 3 septembre 1896, une dépêche publiée par un journal anglais, annonçait l'évasion de Dreyfus. Cette fausse nouvelle inquiéta immédiatement les hommes acharnés à la perte de Dreyfus. Ils sentaient que malgré tous leurs efforts, il y avait des doutes sur la culpabilité du condamné. Alors, le 14 septembre, parut dans l'*Eclair*, un article intitulé *le Traître*.

Cet article disait : « Les raisons qui militaient en faveur du silence n'existent plus, les difficultés qui pouvaient surgir de la divulgation de certains faits sont aplanies, nous sommes persuadés que, sans crainte d'embarras et de complications délicates, on peut étaler au grand jour ce qui n'a pu être produit au jour même de l'audience : la preuve, la preuve irréfutable, la preuve en toutes lettres de la trahison ; cette preuve qui, à l'unanimité, a décidé du verdict des officiers composant le conseil de guerre »

L'Eclair donnait la description suivante de cette preuve.

« C'était une lettre chiffrée au chiffre de l'ambassade allemande. Ce chiffre on le possédait et l'on peut penser

qu'il était d'une utilité trop grande pour que la divulgation
d'un tel secret pût être rendue publique. Ce fut la raison
pour laquelle la lettre en question ne fut pas versée au
dossier.

« Vers le 20 septembre (1894), le colonel Sandherr,
chef de la section de statistique, communiquait au général
Mercier cette lettre qui avait été déchiffrée : « Décidément
cet animal de DREYFUS devient trop exigeant. »

L'Eclair terminait son article par un paragraphe intitulé :
La preuve sous les yeux des juges.

Après avoir constaté que Dreyfus avait toujours persisté
à protester de son innocence, il ajoutait :

« Il est vrai que Dreyfus ignorait, et ignore peut-être
encore, que le ministre de la guerre possédait la photo-
graphie de la lettre échangée entre les attachés militaires
allemand et italien, seule pièce où son nom figurait. La
lettre qu'il avait écrite et qu'il s'était bien gardé de signer
ne pouvait être qu'un élément moral dans la cause. En
effet, si deux des experts en écriture, Charavay et Bertillon, affirmaient qu'elle était bien de Dreyfus, les trois
autres étaient hésitants.

« Une preuve ne permettait pas l'hésitation : c'était la
production de la pièce dans laquelle Dreyfus était nommé.
Elle pouvait décider de la conviction du tribunal, et il
importait que le traître ne pût échapper à son châtiment.
Mais cette pièce si grave était exceptionnellement confi-
dentielle, le ministre ne pouvait s'en dessaisir sans une
réquisition de la justice.

« Il fallait donc qu'une perquisition fût opérée au ministère même. Elle eut lieu, mais pour éviter au commissaire
du gouvernement d'avoir à compulser tant de dossiers
secrets, *elle se trouva la première à portée de sa main.*

« Il était stipulé toutefois que même régulièrement saisie,
elle ne serait pas versée aux débats.

« Elle fut donc communiquée aux juges seuls, dans la
salle des délibérations.

« Preuve irréfutable, elle acheva de fixer le sentiment

des membres du conseil. Ils furent unanimes lorsqu'il s'agit de prononcer sur la culpabilité du traître et sur la peine qui devait lui être infligée. »

Le même article contenait un autre paragraphe intitulé : *Le bordereau anonyme* :

« Cette lettre annonçait la livraison à l'Allemagne :

« 1° De la description détaillée du frein de la pièce de 120 court qui n'était pas encore en service ;

« 2° Du projet du manuel de tir de l'artillerie ;

« 3° Du projet du manuel de tir de l'infanterie ;

« 4° Des mesures arrêtées pour la mobilisation de l'artillerie à la suite de la loi du 29 juin 1894, supprimant les pontonniers et créant vingt-huit nouvelles batteries ;

« 5° Du plan d'opération pour l'expédition de Madagascar établi par le général Renouard, premier sous-chef d'état-major de l'armée. »

Dans un autre paragraphe intitulé : *La confrontation*, le même article racontait l'histoire suivante qui se trouve répétée dans le rapport de M. d'Ormescheville.

Le commandant du Paty du Clam fut chargé d'établir l'enquête préliminaire qui doit précéder l'ordre d'informer donné à la justice militaire. Il écrivit le 14 octobre au capitaine Dreyfus pour le prier de vouloir bien venir le trouver au ministère le lendemain matin, à neuf heures, pour une communication qui l'intéressait.

« Le commandant se mit alors à dicter au capitaine une lettre dont les termes étaient exactement les mêmes que ceux de la lettre dans laquelle le traître annonçait l'envoi des cinq documents que nous avons énoncés plus haut et qui commençait par ces mots : « Je pars... »

« A ces premiers mots, le capitaine pâlit ; sa main trembla, la plume décrivait des sinuosités.

— Mais écrivez donc droit, mon cher, dit le commandant.

« Dreyfus chercha à se ressaisir, mais, presque aussitôt, sa main fut agitée par un tremblement nerveux.

— Qu'avez-vous donc? reprit le commandant.

— J'ai froid au doigts, répondit, après quelque hésitation, Dreyfus en balbutiant.

« La température était ce jour-là très modérée et il y avait du feu dans le bureau.

« Le commandant continua sa dictée, mais bientôt Dreyfus lui dit :

— Je ne sais ce que j'ai; il m'est impossible d'écrire.

« Alors le commandant se leva brusquement, se dirigea vers la porte d'une pièce voisine et l'ouvrit.

« M. Cochefert, chef de la Sûreté, et le commandant Henry, attaché à la section de statistique, entrèrent dans le bureau.

« M. Cochefert marcha vers Dreyfus, lui mit la main sur l'épaule :

— Au nom de la loi, je vous arrête.

— Mais pourquoi? de quoi m'accuse-t-on? dit le capitaine.

— Vous le savez bien, répondit le commandant Mercier du Paty de Clam; votre émotion en écrivant la lettre que je vous dictais tout à l'heure en est une preuve suffisante.

— Je vous affirme que je ne comprends pas, reprit Dreyfus bouleversé.

— Allons donc! Il est inutile de vous débattre devant l'évidence. Votre trahison est découverte.

« Le capitaine continua à protester de son innocence, disant qu'il était victime d'une erreur ou d'une vengeance; mais le chef de la Sûreté fit cesser la scène, en le remettant aux mains du commandant Henry, qui l'emmena aussitôt et le fit monter dans une voiture qui stationnait devant la porte du ministère. Les deux officiers étaient vêtus en civil et rien dans leur attitude ne pouvait laisser soupçonner que l'un d'eux était un prisonnier.

« Dix minutes plus tard, la voiture s'arrêtait devant la prison du Cherche-Midi et les deux officiers se dirigeaient, sans que personne fît attention à eux, vers le logement de l'agent principal, où attendait le chef de bataillon Forzinetti, commandant les prisons militaires du gouvernement de Paris.

« Le commandant Henry remit au commandant Forzinetti un ordre du ministre de la Guerre, lui prescrivant d'écrouer le capitaine Dreyfus, accusé de haute trahison, *sans inscrire son nom sur les registres de la prison;* de le mettre au secret sans qu'il pût communiquer avec le personnel de surveillance, à l'exception de l'agent principal, qui serait seul chargé d'assurer sa nourriture. L'ordre portait également qu'il était formellement interdit, tant au commandant qu'à l'agent principal, de faire connaître à qui que ce fût l'arrestation du capitaine.

« Le capitaine Dreyfus fut alors conduit dans une chambre voisine du logement de l'agent principal et y fut enfermé.»

Quelques heures plus tard, le commandant Mercier du Paty de Clam se présentait, accompagné du chef de la Sûreté, au domicile du traître, et demandait à parler à Mᵐᵉ Dreyfus, qui le reçut aussitôt.

Après un dialogue dramatique, M. du Paty de Clam ajoute :

« Nous avons été requis de perquisitionner ici dans les papiers de votre mari.

« Le commandant et le chef de la Sûreté fouillèrent minutieusement. Leurs recherches furent vaines. Ils ne trouvèrent rien. »

Cet article si détaillé ne pouvait venir que de l'Etat-Major. *C'était un acte d'accusation fait deux ans après la condamnation.*

Il provoqua plusieurs graves réflexions chez les gens qui réfléchissent.

1° Pourquoi un huis-clos si brutalement prononcé par le président du Conseil de guerre, empêchant Mᵉ Demange de donner lecture de ses conclusions, en 1894, et pourquoi cette publicité donnée par l'Etat-Major à l'accusation quand la condamnation avait eu lieu et que le condamné ne pouvait se défendre ?

2° On avait invoqué les plus graves considérations en faveur du huis-clos, et cet article, inspiré évidemment par l'Etat-Major, racontait qu'une lettre écrite par l'attaché militaire allemand à l'attaché militaire italien avait été volée et il révélait le contenu du bordereau.

Pourquoi tant de prudence en 1894? Pourquoi cette témérité en 1896?

3° L'Etat-Major donnait un singulier exemple de discipline et de réserve en violant ainsi le huis-clos et en racontant les détails d'une instruction mystérieuse.

4° La scène de confrontation de du Paty de Clam et de Dreyfus parut empruntée à un roman-feuilleton.

5° La perquisition de du Paty de Clam, faite au domicile du prévenu arrêté, avait été une violation des articles 31 et 89 du Code d'instruction criminelle.

6° L'article reconnaissait que les experts en écriture n'avaient pas été d'accord sur l'identité de l'écriture de Dreyfus et de celle du bordereau ; cependant M° Demange avait parlé de l'*unique pièce*.

L'article admettait qu'elle n'eût pas constitué une preuve suffisante pour faire condamner Dreyfus.

7° Il ajoutait qu'une pièce secrète avait été communiquée en chambre du Conseil aux juges du Conseil de guerre, sans avoir été versée aux débats.

Tous les hommes qui lurent cet article de l'*Eclair* avec quelque attention furent étonnés du cérémonial qu'il racontait pour la saisie de la pièce et du sans-gêne avec lequel il ajoutait : *Il était stipulé toutefois que même régulièrement saisie,* ELLE NE SERAIT PAS VERSÉE AUX DÉBATS. *Elle fut donc communiquée aux* JUGES SEULS *dans la salle des délibérations.*

— Mais alors, l'article de l'*Eclair* inspiré par l'Etat-Major, en voulant prouver la culpabilité de Dreyfus, démontre que Dreyfus a été jugé illégalement.

L'article 101 du Code militaire est ainsi conçu :

« Le rapporteur procède à l'interrogatoire du prévenu. Il l'interroge sur ses nom, prénoms, âge, lieu de naissance, profession, domicile et sur les circonstances du délit; IL LUI FAIT REPRESENTER TOUTES LES PIECES POUVANT SERVIR A CONVICTION, ET IL L'INTELPELLE POUR QU'IL AIT A DECLARER S'IL LES RECONNAIT. »

Le texte, comme on voit, est formel.

V

L'interpellation Castelin et le fac-similé du bordereau

M. Castelin, député produit par le boulangisme, entend avoir le monopole du patriotisme. Il était bien clair, au mois de novembre, que la dépêche publiée le 3 septembre et annonçant l'évasion de Dreyfus était fausse. M. Castelin saisit cependant ce prétexte pour adresser au gouvernement une interpellation sur l'affaire Dreyfus. Sa discussion fut fixée au 18 novembre.

M. Bernard Lazare, dans une brochure intitulée : LA VÉRITÉ SUR L'AFFAIRE DREYFUS, avait déclaré que le texte du bordereau publié par l'*Eclair* n'avait pas été fidèlement copié.

Le Matin du 10 novembre, publie le *fac-similé* du bordereau sous le titre : *la Preuve fac-simile du bordereau écrit par Dreyfus.*

« A l'aide de manœuvres savantes et ténébreuses, en donnant des allures de réquisitoire à d'habiles plaidoyers, en faisant appel aux sentiments de justice et de générosité qui hantent tous les cœurs dans notre pays, on s'attelle à cette œuvre surhumaine : la révision du procès du traître Dreyfus.

« Sous le prétexte fallacieux que contre lui on aurait restauré nous ne savons quelles pratiques inquisitoriales, on voudrait le faire revenir en France pour y comparaître devant de nouveaux juges.

« Comédie, tout cela. Dreyfus est bien coupable du plus grand de tous les crimes. Et afin de ne pas laisser à la pitié le temps ni la possibilité de naître, il faut produire la preuve matérielle et irrécusab'e du forfait.

« Sur quoi est basée l'accusation ? Comment est justifié le châtiment infligé à l'ex capitaine Dreyfus? C'est ce que le *Matin* est en mesure de dire.

« Pour mener à bien cet œuvre de salubrité patriotique, nous publions le *fac-similé* du fameux « bordereau » écrit de la main même de Dreyfus.

« Pour quiconque a pu comparer l'écriture avouée de Dreyfus et le document que nous reproduisons, c'est bien la même main qui a tracé ces lignes. »

Voici le texte du bordereau :

BORDEREAU

Sans nouvelles m'indiquant que vous désirez me voir, je vous adresse cependant, monsieur, quelques renseignements intéressants :

1º Une note sur le frein hydraulique du 120 et la manière dont s'est conduite cette pièce.

2º Une note sur les troupes de couverture (quelques modifications seront apportées par le nouveau plan).

3º Une note sur une modification aux formations de l'artillerie.

4º Une note relative à Madagascar.

5º Le projet de manuel de tir de l'artillerie de campagne (14 mars 1894).

« Ce dernier document est extrêmement difficile à se procurer et je ne puis l'avoir à ma disposition que très peu de jours. Le ministère de la guerre en a envoyé un nombre fixe dans les corps et ces corps sont responsables ; chaque officier détenteur doit remettre le sien après les manœuvres. Si donc vous voulez y prendre ce qui vous intéresse et le tenir à ma disposition après, je le prendrai, à moins que vous ne vouliez que je le fasse copier in extenso et ne vous en adresse la copie.

« Je vais partir en manœuvres. »

Le *Matin* racontait d'une manière encore plus mélodramatique que l'*Eclair* la scène de la dictée du bordereau et il parlait longuement des expertises en écriture.

Les gens de sang froid observèrent que tandis que l'*Eclair* reconnaissait que les experts n'avaient pas été d'accord et que le bordereau n'était pas une preuve suffisante de la culpabilité de Dreyfus, le *Matin* l'invoquait comme une preuve décisive.

Leurs doutes augmentèrent.

Ils trouvèrent enfin que cette publication, venant à la veille de l'interpellation Castelin, faisait partie de ces savantes manœuvres à l'aide desquelles l'Etat-Major ne cessait de se livrer à l'égard de l'opinion publique.

Ils continuèrent de s'étonner que les mystères de l'affaire Dreyfus fussent publiés par ceux qui avaient prétendu, au moment de la condamnation, qu'on n'en pouvait rien dire sans faire courir les plus graves dangers à la France.

Ces indiscrétions ayant été commises, ils furent surpris d'entendre le général Billot déclarer le 18 novembre à la Chambre des députés :

« L'instruction de l'affaire, les débats, le jugement ont eu lieu conformément aux règles de la procédure militaire.

« Le conseil de guerre, régulièrement composé, a régulièrement délibéré.

« Il y a donc chose jugée, et il n'est permis à personne de revenir sur le procès.

« Mais les motifs d'ordre supérieur qui ont nécessité en 1894 le jugement de l'affaire à huis-clos n'ont rien perdu de leur gravité. »

Les gens qui n'étaient pas aveuglés par la passion se dirent : l'histoire de la pièce secrète, publiée par l'*Eclair*, d'après des renseignements fournis évidemment par l'Etat-Major, ne serait donc pas vraie? Ce serait bien étonnant.

Le Ministre de la guerre prétend que le huis-clos est toujours indispensable; ce n'est cependant pas l'opinion de ses subordonnés de l'Etat-Major, puisqu'ils ont raconté dans l'*Eclair* tous les détails de l'accusation et que le *Matin* a pu publier le fac simile même du bordereau.

Dans son interpellation, M. Castelin n'avait qu'un but : affirmer de nouveau, en termes déclamatoires, la culpabilité de Dreyfus, une histoire de tentative de corruption auprès du rapporteur du Conseil de guerre — démentie, du reste, aussitôt par M. Charles Dupuy — un prétendu propos de M. Puybaraud à « l'honorable M Teyssonnières », rayé de la liste des experts du Tribunal civil; le récit de prétendues et romanesques tentatives d'évasion; des accusations d'espionnage contre M. Hadamard, le beau-père de Dreyfus.

La Chambre des députés vota à l'unanimité, moins cinq voix, un bel ordre du jour de M. Castelin invitant « le gouvernement à rechercher, s'il y a lieu, les responsabilités qui se sont révélées à l'occasion et depuis la condamnation du traître Dreyfus et à en poursuivre la répression ».

Il fait partie de ces manifestations qui, avec les articles de la *Libre Parole*, de l'*Eclair*, de l'*Intransigeant*, du *Petit Journal*, étaient destinées à agir sur l'opinion publique et à montrer Dreyfus entouré « des complices civils » dont parlait le général Mercier dans son entrevue du 28 novembre 1894 et qui se sont évanouis.

Mme Lucie Dreyfus avait adressé une pétition protestant contre la condamnation de son mari et s'adressant à la Chambre pour obtenir justice. — Cette pétition fut rejetée.

Le rapporteur, M. Loriot, disait : « Cette dame, s'appuyant sur un article du journal l'*Eclair*, se plaint de ce que ni son mari, ni le défenseur de ce dernier, n'aient été appelés à prendre connaissance des pièces secrètes communiquées au Conseil de guerre. »

Il ajoutait : « Une considération domine tout : c'est le respect de la chose jugée. »

Les hommes qui ont quelque souci du respect de la loi se diront :

— Mais s'il y a eu des pièces secrètes, comme l'a raconté l'*Eclair*, *il ne saurait y avoir respect de la chose jugée, puisque l'illégalité commise annule le jugement du 23 décembre 1894.*

VI

Scheurer-Kestner, Dreyfus et Esterhazy

Le 29 octobre 1897 parut dans le *Matin* un article contenant cette déclaration de M. Scheurer-Kestner :

— Je suis convaincu de l'innocence de Dreyfus. Et, plus que jamais, je suis résolu à poursuivre sa réhabilitation.

Cette parole de M. Scheurer-Kestner produisit une profonde impression.

Les antisémites ne pouvaient pas accuser M. Scheurer-Kestner d'être juif. Il est protestant.

Ils ne pouvaient pas dire que s'il prenait en main la question Dreyfus, il y avait quelque intérêt. Il n'avait pas besoin de faire du bruit autour de son nom. Vice-président du Sénat, il n'avait pas d'ambition, et, comme l'ont prouvé les évènements, il ne pouvait que compromettre sa situation.

Riche, on ne pouvait pas l'accuser d'être victime d'une corruption pécuniaire. Enfin, on ne pouvait pas soupçonner cet Alsacien d'être porté à l'indulgence pour un traître.

Si cet homme quittait la sérénité de son existence pour prendre en main une cause appelée à déchaîner tant de haines et de fureur contre lui, il fallait reconnaître qu'il ne pouvait être guidé par d'autre mobile que l'amour de la vérité et de la justice

M. Gabriel Monod, professeur de l'Ecole des Hautes Etudes, ancien élève de l'Ecole des Chartes, déclara qu'il partageait l'opinion de M. Scheurer-Kestner.

M. Bernard Lazare publia une nouvelle brochure. Il s'appuyait sur des preuves morales et sur des contre-expertises en écriture. Alors les partisans de la condamnation dirent:

— Quelle valeur ont-elles?

Mais si les contre-expertises en écriture n'ont pas de valeur, pourquoi les expertises en auraient-elles davantage?

La *Libre Parole*, l'*Intransigeant*, les journaux qui avaient été les premiers informés de l'arrestation de Dreyfus et qui avaient fait campagne contre le général Mercier jusqu'à ce qu'il se fût décidé à poursuivre, éclatèrent en injures, en cris d'indignation, en calomnies contre M. Scheurer-Kestner.

Le 14 novembre, M. Scheurer-Kestner, dans une lettre publié par le *Temps*, dit:

« J'ai donc affirmé ma conviction, me réservant d'en communiquer les éléments, en premier lieu, au gouvernement lui-même; il me paraissait meilleur, à tous les égards, que le gouvernement eût tout l'honneur et le mérite de la réparation.

« Dès le 30 octobre, dans un entretien avec le Ministre de la guerre, j'ai démontré, pièces en mains, que le bordereau attribué au capitaine Dreyfus n'est pas de lui, mais d'un autre. Je l'ai prié de faire une enquête sur le vrai coupable.

« Le Ministre, sans d'ailleurs me demander de lui laisser ces pièces, me promit cette enquête, qui ne devait porter que sur des faits postérieurs au jugement.

« J'eus soin de le mettre en garde contre de soi-disant pièces à conviction plus ou moins récentes, qui pourraient être l'œuvre du vrai coupable ou de personnes intéressées à égarer la justice et l'opinion.

« Il me demanda, par contre, de ne rien ébruiter de notre conversation pendant quinze jours, et prit l'engagement de me faire connaître le résultat de ses recherches. Depuis lors, j'ai attendu en vain, et les quinze jours sont écoulés. Voilà la cause de ce silence qui a paru si long.

« C'est inutilement, d'ailleurs, que j'ai demandé à voir les pièces qui établissaient la culpabilité du capitaine Dreyfus. On ne m'a rien offert, on ne m'a rien montré.

« Et, cependant, j'avais spontanément déclaré que, devant des preuves, je m'empresserais de reconnaître publiquement mon erreur. Vous qui me connaissez, mon cher ami, vous savez bien que je n'aurais pas hésité devant une rétractation à laquelle m'eût obligé l'honneur. »

Les journaux antisémites et de l'Etat-Major lancèrent dans la circulation le mot de « Syndicat Dreyfus », qui fut leur « tarte à la crème ! » Ces deux mots répondaient à tous les arguments.

En réalité, Scheurer-Kestner qui, longtemps, avait cru à la culpabilité de Dreyfus, avait senti sa conviction ébranlée par ce qu'il avait entendu dire en Alsace. En France, il ne connaissait que depuis peu M. Leblois, qui, né à Strasbourg, comme le lieutenant-colonel Picquart, ancien chef du bureau des renseignements, son ami d'enfance, avait été mis depuis quelques mois au courant de la vérité.

Mais M. Leblois ne la lui avait livrée que sous le sceau du secret. M. Scheurer-Kestner n'était pas encore dégagé lorsqu'il reçut la visite de M. Mathieu Dreyfus, qu'il n'avait jamais vu. Celui-ci lui dit :

— Vous savez le nom du véritable auteur du bordereau ?

— Oui, lui dit M. Scheurer-Kestner; mais je ne suis pas autorisé à le dire.

— Mais si je vous le dis, vous ne le démentirez pas.

— Non.

— Esterhazy.

— C'est bien ce nom, répondit M. Scheurer-Kestner; comment l'avez-vous connu?

— Un banquier, M. de Castro, a acheté sur le boulevard le fac similé du bordereau. Il en a reconnu immédiatement l'écriture pour celle d'un de ses anciens clients. Il l'a confronté avec les lettres qu'il avait reçues de lui. Il y a identité d'écriture, et il est venu, le 7 novembre, me donner ce nom avec preuves à l'appui.

VII

La Dénonciation

Le 15 novembre, M. Mathieu Dreyfus communiqua aux journaux la lettre suivante, qu'il avait adressée à M. le Ministre de la guerre :

« La seule base de l'accusation dirigée, en 1894, contre mon malheureux frère est une lettre missive, non signée, non datée, établissant que des documents militaires confidentiels ont été livrés à un agent d'une puissance étrangère.

« J'ai l'honneur de vous faire connaître que l'auteur de cette pièce est M. le comte Walsin-Esterhazy, commandant d'infanterie, mis en non activité, pour infirmités temporaires, au printemps dernier

« L'écriture du commandant Walsin-Esterhazy est identique à celle de cette pièce.

« Il vous sera très facile, Monsieur le Ministre, de vous procurer de l'écriture de cet officier.

« Je suis prêt, d'ailleurs, à vous indiquer où vous pourriez trouver des lettres de lui, d'une authenticité incontestable et d'une date antérieure à l'arrestation de mon frère.

« Je ne puis pas douter, Monsieur le Ministre, que, connaissant l'auteur de la trahison pour laquelle mon frère a été condamné, vous ne fassiez prompte justice. »

VIII

L'Instruction

Le Ministre de la guerre invita le gouverneur de Paris à ouvrir une enquête judiciaire sur M. Walsin-Esterhazy; cette enquête fut confiée au général de Pellieux commandant par intérim la place de Paris; en même temps, on apprenait que le commandant Pauffin de Saint-Morel, chef de cabinet du général de Boisdeffre, était venu trouver M. Henri Rochefort « de la part de son chef, » disait celui-ci. Le 18 novembre, le gouvernement communiqua aux journaux, la note suivante :

« Une punition de trente jour d'arrêts de rigueur a été
« infligée à la date de ce jour au commandant Pauffin de
« Saint-Morel, par le chef d'état-major général de l'armée,
« pour avoir fait à un journaliste une communication in
« terdite par les règlements et les ordres du ministre. »

Les gens qui ont quelque souci de la discipline de l'armée considérèrent que l'enquête sur Esterhazy commençait par une comédie.

Le commandant Esterhazy n'était pas arrêté : les journaux qui lui étaient dévoués étaient pleins de récits de la sollicitude du général de Pellieux pour lui; on ne faisait aucune perquisition à ses divers domiciles.

Le Gouvernement ne se décidait à faire venir le lieutenant-colonel Picquart de Tunis que sur la réclamation de journaux. Le général de Pellieux faisait faire une perquisition le 3 novembre chez lui pendant qu'il était en mer. Les journaux de l'état-major annonçaient qu'il venait en ami et en prisonnier, et transformaient le commandant Walsin-Esterhazy en accusateur.

Le colonel Picquart lui disant : « Les témoins ne sortiront de terre que lorsque vous aurez fait arrêter Esterhazy. » Le général de Pellieux répondit : « Mes chefs n'ont pas jugé à propos de le faire. »

Personne ne fut étonné quand le général de Pellieux conclut en faveur d'Esterhazy. Cependant le général Saussier donna l'ordre au 1er Conseil de guerre d'informer; les journaux de l'état-major et antisémitiques avaient soin de déclarer que c'était pour donner satisfaction à Esterhazy qui demandait un conseil de guerre.

IX

Le Gouvernement et l'affaire Esterhazy

Interpellé le 18 novembre, M. le général Billot, ministre de la guerre, reconnut avoir eu un entretien confidentiel avec M. Scheurer-Kestner : « Il m'a montré des pièces qu'il ne m'a pas laissées et que je n'avais qualité de recevoir. » M. le Ministre de la guerre établissait ensuite une équivoque en disant que le gouvernement avait invité « M. Scheurer-Kestner à le saisir dans les formes prescrites par la loi. »

Que voulaient dire les mots : « formes prescrites par la loi ? » Les formes prescrites par la loi ordonnent au garde des sceaux de prendre l'initiative dans les cas révélés par l'Eclair et par MM. Scheurer-Kestner et Mathieu Dreyfus.

Le 5 décembre, question de M. Castelin à la Chambre des députés, transformée en interpellation par MM. Sembat, socialiste, et de Mun, de l'extrême droite, tous les deux d'accord; il est vrai que M. Sembat est un élève du Collège Stanislas.

Ce fut alors que M. Méline déclara qu'il n'y avait pas « d'affaire Dreyfus. » Le général Billot ajouta que, « en son âme et conscience, il croyait que Dreyfus était justement condamné. »

Le 7 décembre, nouvelle interpellation au Sénat. M. le ministre de la guerre et M. le président du conseil déclarèrent qu'ils n'avaient pas voulu que le gouvernement prît l'initiative de la révision « pour ne pas ébranler l'autorité de la chose jugée. »

Ils montraient, par cela même, qu'ils avaient prié M.
Scheurer-Kestner de prendre une autre voie, en faisant ce
que Voltaire avait fait, il y a près d'un siècle et demi, en
1762, pour Calas. Quand les pouvoirs publics ne rem-
plis-ent pas leur devoir, il faut que les particuliers fassent
ce qu'ils ne font pas, et ils ne peuvent agir que par les
seuls moyens qu'ils aient à leur disposition : l'appel à
l'opinion publique.

Du reste, ce ne sont pas eux qui ont donné l'exemple :
car les publi-ations de la *Libre Parole*, de l'*Éclair*, de
l'*Intransigeant*, la démarche de M. Pauffin de Saint-Morel,
montrent que les officier- de l'état-major, qui avaient fait
de la condamnation de Dreyfus, une affaire personnelle,
avaient eu soin de s'adresser à elle par les moyens auxquels
les partisans de la révision du procès n'ont jamais eu
recours : ces moyens s'appellent la calomnie et le mensonge.

X

Le procès Esterhazy

Le 31 décembre, le commandant Ravary concluait à
une ordonnance de non-lieu en faveur d'Esterhazy.

Cependant le général Saussier donnait, le 2 janvier,
l'ordre de mise en jugement pour les motifs ci-dessous :

« Vu la procédure instruite contre M. le commandant
Walsin-Esterhazy (Marie-Charles-Ferdinand), chef de bataillon d'infanterie en non-activité pour infirmités temporaires, à Paris, 27, rue de la Bienfaisance ;

« Vu le rapport et l'avis de M. le Rapporteur et les conclusions de M. le Commissaire du gouvernement, tendant
au renvoi des fins de la plainte par une ordonnance de
non-lieu ;

« Attendu néanmoins que l'instruction n'a pas produit,
sur tous les points, une lumière suffisante pour proclamer,
en toute connaissance de cause, la non-culpabilité de
l'inculpé ;

« Attendu, en outre, qu'en raison de la netteté et de la publicité de l'accusation et de l'émotion qu'elle a occasionnée dans l'opinion publique, il importe qu'il soit procédé à des débats contradictoires ;

« Qu'il est, dès lors, nécessaire de renvoyer l'inculpé devant le Conseil de guerre sous la prévention d'avoir pratiqué des machinations ou entretenu des intelligences avec une puissance étrangère ou avec ses agents pour les engager à commettre des hostilités ou à entreprendre la guerre contre la France ou pour leur en procurer les moyens. »

Le Conseil de guerre était convoqué pour le 10 janvier.

Une partie des débats eut lieu en public (nous en avons reproduit la sténographie avec le rapport du commandant Ravary dans la brochure *La Revision du procès Dreyfus.*

On constata que le rapport du commandant Ravary était consacré à l'apologie du commandant Walsin-Esterhazy et était un acte d'accusation contre le lieutenant-colonel Picquart ; le huis-clos fut prononcé précisément au moment où celui-ci était appelé à donner des explications.

On ne comprit pas bien non plus pourquoi les experts en écriture étaient entourés d'un mystère si profond que les sceptiques étaient naturellement amenés à penser qu'il était destiné à leur propre défense, qu'il ne faut pas confondre avec la défense nationale, malgré la science de castramétation développée par M. Alphonse Bertillon.

Le 11 janvier, le Conseil de guerre rendit le jugement suivant :

« Ce jourd'hui, onze janvier mil huit cent quatre-vingt-dix-huit, le premier Conseil de guerre du gouvernement militaire de Paris délibérant à huis-clos, le président a posé la question suivante :

« Le nommé Walsin-Esterhazy, Marie-Charles Ferdinand, est-il coupable d'avoir pratiqué des machinations ou entretenu des intelligences avec une puissance étrangère ou avec ses agents, pour les engager à entreprendre la guerre contre la France ou pour leur en procurer les moyens ? Crime prévu et puni par les articles 2 et 76 du Code pénal, 189, 267 et 202 du Code de justice militaire, l'article 7 de la loi du 8 octobre 1830, l'article 5 de la Constitution du 4 novembre 1848, l'article 1er de la loi du 8 juillet 1850 ;

« Les voix recueillies séparément et commençant par le grade inférieur, le président ayant émis son opinion le dernier, le Conseil de guerre déclare :

« A l'unanimité, M. Walsin-Esterhazy est déclaré non coupable. »

Les personnes de sang-froid observèrent qu'on n'avait pas posé la question qui se trouvait dans le premier paragraphe de la lettre de M. Mathieu Dreyfus : — Esterhazy est-il l'auteur du bordereau ?

Elles furent stupéfaites en lisant le récit de l'ovation qui lui fut faite :

« Lorsque le commandant traverse la rue pour aller se soumettre, à la maison d'arrêt, à la formalité de la levée d'écrou, la foule, qui s'est notablement accrue depuis une heure, le salue par les cris de : « Vive l'armée! Vive la France! Vive Esterhazy ! » Toutes les mains se tendent vers l'officier acquitté qui a grand'peine à se frayer un passage. Au moment où il franchit le seuil de la prison militaire, une voix s'écrie : « Chapeau bas, Messieurs, devant le martyre des Juifs. »

(Le Temps, 13 janvier 1898).

Le lendemain, le général de Pellieux écrivait une lettre à Esterhazy commençant par ces mots : « Mon cher commandant », et lui donnant l'autorisation de poursuivre les journaux qui lui attribuaient une certaine lettre dite du « uhlan. »

Il s'est bien gardé d'user de cette autorisation.

Des journaux annoncèrent que le commandant Esterhazy avait été mis en retraite d'office, puis sur sa demande. On crut que les chefs de l'Etat-major voulaient jeter du lest. Ils ne l'osèrent. Le commandant Esterhazy est resté dans

la situation où il se trouvait depuis le printemps de 1897 :
« Non activité pour causes d'infirmités temporaires. »

XI

Le procès Zola

Le 13 janvier parut dans l'*Aurore* la lettre d'Emile Zola à M. le Président de la République. Après avoir rappelé, à grands traits, les faits de l'affaire Dreyfus et de l'affaire Esterhazy, elle se terminait par cette phrase :

« J'accuse enfin le premier Conseil de guerre d'avoir violé le droit en condamnant un accusé sur une pièce restée secrète, et j'accuse le second Conseil de guerre d'avoir couvert cette illégalité par ordre, en commettant à son tour le crime juridique d'acquitter sciemment un coupable. »

M. Méline, questionné à la Chambre des députés, s'empressa de déclarer que des poursuites étaient ordonnées contre Emile Zola.

Il n'avait pas réfléchi que c'était invoquer l'Etat-Major en Cour d'assises et risquer de faire reviser le procès Dreyfus par le jury.

Le gouvernement chercha le moyen d'atténuer autant qu'il le pouvait, la portée des poursuites et il les restreignit au passage suivant :

« Un Conseil de guerre vient, par ordre, d'oser acquitter un Esterhazy, soufflet suprême à toute vérité, à toute justice. Et c'est fini, la France a sur la joue cette souillure. L'histoire écrira que c'est sous votre présidence qu'un tel crime social a pu être commis.

« Ils ont rendu cette sentence inique qui, à jamais pèsera sur nos conseils de guerre, qui entachera désormais de suspicion tous leurs arrêts. Le premier Conseil de guerre a pu être inintelligent, le second est forcément criminel.

« ... J'accuse le second Conseil de guerre d'avoir cou-

vert cette illégalité par ordre, en commettant, à son tour,
le crime juridique d'acquitter sciemment un coupable. »

La Cour d'assises fut présidée par M. Delegorgue. Nous
ne retracerons pas les divers incidents qui se sont pro-
duits : les scènes scandaleuses auxquelles les antisémites
ont pu se livrer dans le Palais de Justice avec des
officiers, envoyés par M. Pauffin de Saint-Morel et le
général Gonse « pour soutenir l'avocat général et le jury.»

Dans la salle du Harlay, M. Max Régis, président de la
Ligue antijuive d'Alger, faisait arrêter des gens qui avaient
l'audace de crier : « Vive la République! » M. Jules
Guérin, qui ne pourrait être inscrit sur aucune liste
électorale, pouvait crier tout à l'aise : A mort les
juifs! Des avocats, ayant à leur tête M. Jules Auffray,
ancien secrétaire de M. de Mackau pendant la campagne
du boulangisme, mêlaient à la fois les cris de : Vive
l'armée! et vive Esterhazy! Et ces hommes de discussion qui, dans leur serment professionnel, s'engagent au
respect de la loi, qui doivent être soucieux des droits de
la défense et de la liberté de la parole, retournaient la
vieille formule latine : *Cedant arma togæ* « les armes
cèdent à la toge » en celle-ci : *Cedat toga armis.*

Le général de Pellieux commandait dans le Palais. Le
commandant des gardes Perret était tout disposé à
lancer ses gardes municipaux contre Zola et ses amis. On
laissait envahir et entourer le Palais de Justice. Zola et
ses amis devaient s'en évader au péril de leur vie. Les
jurés étaient nominativement signalés à la vindicte s'ils
ne condamnaient pas. L'un d'eux devint malade au cours
des débats. Ils auraient été des héros, s'ils eussent
acquitté sous les menaces qui grondaient autour d'eux.
Ils condamnèrent Zola sans circonstances atténuantes et
la Cour lui infligea le maximum de la peine, un an de
prison.

Voici le spectacle que présentait, pendant le dernier
jour des débats, la salle de la Cour d'assises d'après l'*Écho
de Paris*, un des journaux de l'État-major :

« Un déferlement d'outrages couvre la voix de l'avocat.

« L'auditoire est debout. On siffle. On hue. Des cannes heurtent le parquet en cadence. En fermant les yeux, on a l'illusion que le Palais s'effondre dans un cataclysme. Et, minute par minute, l'auditoire s'énerve. Voici qu'il éclate. Des cris blessants se croisent, mêlés à des sifflets.

« Un à un, sous les regards braqués de tous les assistants, les jurés ont quitté la salle. »

Ceci s'est passé sous le ministère de M. Milliard, garde des sceaux; M. Périvier étant premier président de la Cour, M. Delegorgue étant président de la Cour d'Assises. Ces noms passeront à la postérité, faisant suite à ceux que Tacite et Victor Hugo lui ont légués.

XII

La cassation et les nouvelles poursuites

Zola se pourvut en cassation. Le rapporteur, M. le conseiller Chambareaud, releva un certain nombre de cas de cassation : arrêt de règlement rendu au début de l'affaire interdisant d'interroger les témoins sur l'affaire Dreyfus ; interdiction à l'avocat de poser des questions aux généraux de Boisdeffre et de Pellieux, en dépit de l'article 319 du code d'instruction criminelle :

« L'accusé et son conseil pourront le questionner (le témoin) par l'organe du président, après sa déposition, et dire, tant contre lui que contre son témoignage, tout ce qui pourra être utile à la défense de l'accusé. »

Enfin un cas préalable qui fit la cour annuler l'arrêt de la cour d'assises, ensemble les débats et la poursuite depuis le plus ancien acte, parce que le ministre de la guerre s'était substitué dans la poursuite au conseil de guerre (2 avril 1898).

Les journaux des jésuites et de l'Etat-Major, *la Libre Parole*, *l'Intransigeant*, *l'Eclair*, *le Petit Journal*, montrèrent leur respect de la chose jugée en déversant toutes les injures sur les magistrats de la cour de cassation.

M. Manau, le procureur général, ayant le tort d'être un vieux républicain, avait eu encore le tort plus grave de dire qu'il attendait à être saisi de la demande de révision du procès Dreyfus par le garde des sceaux. Il avait flétri les procédés de ceux qui traitent de traîtres et de vendus des hommes comme Scheurer-Kestner, Trarieux, Zola et tous ceux qui ne s'inclinent pas devant le jugement du 23 décembre 1894. Ce qu'il avait reproché à M. Zola, c'était d'avoir pris sa place à lui, procureur général, en voulant faire la révision du procès Dreyfus. Quant à lui, si M. le garde des sceaux le saisissait, comme la loi l'exige, il était prêt. M. Chiché demanda sa révocation à la Chambre des députés; M. Méline déclara qu' « il avait prononcé des paroles regrettables » et s'engagea à convoquer le conseil de guerre.

Il a été réuni le 8 avril 1898. Il a décidé des poursuites. M. Zola est cité à comparaître le 23 mai devant la cour d'assises de Versailles. Pourquoi Versailles ? Il est poursuivi pour le second paragraphe de la phrase suivante :

J'accuse enfin le premier Conseil de guerre d'avoir violé le droit en condamnant un accusé sur une pièce restée secrète, et j'accuse le second Conseil de guerre d'avoir couvert cette illégalité par ordre, en commettant à son tour le crime juridique d'acquitter sciemment un coupable.

L'accusation portée par Emile Zola contre le Conseil de guerre de 1894 est encore plus grave que celle qu'il a portée contre le Conseil de guerre de 1898.

Il a accusé ses membres de forfaiture, en violant le code de justice militaire qu'à défaut d'autres lois ils devraient au moins connaître et respecter.

Cependant le ministre de la guerre n'a pas réuni le Conseil de guerre de 1894 pour lui demander s'il entendait poursuivre.

Il reconnaît par cela même que l'accusation d'avoir

condamné un accusé sur une pièce secrète est fondée. Il se borne à relever contre M. Zola l'accusation formulée contre le Conseil de guerre « d'avoir acquitté par ordre un coupable ».

Il en résulte donc que M. Zola a le droit de faire la preuve qu'Esterhazy est coupable. Le Conseil pourra répondre qu'il n'en savait rien et qu'il n'a pas agi par ordre ; mais ce qui importe, c'est la culpabilité d'Esterhazy, car elle prouve la bonne foi de Zola et, ce qui est plus important, l'innocence de Dreyfus.

DEUXIÈME PARTIE

Les Preuves contre Dreyfus et Esterhazy

Principes : A l'accusation incombe le fardeau de la preuve.

Le Code civil (article 1316) reconnaît cinq modes de preuves : 1° la preuve littérale ; 2° la preuve testimoniale ; 3° les présomptions ; 4° l'aveu de la partie ; 5° le serment.

Nous allons appliquer ces cinq ordres de preuves à Dreyfus.

I

Dreyfus

1° *Preuves littérales.* — L'acte d'accusation de M. d'Ormescheville n'invoque qu'une preuve littérale : la lettre missive qu'on a appelée le bordereau.

L'origine de cette pièce ? Elle était inconnue de l'accusation.

On n'a invoqué contre Dreyfus que l'identité de l'écriture de cette pièce avec la sienne. Or, M. Gobert, expert de la Banque de France, déclara qu'il n'en était rien. M. Pelletier fut du même avis.

Avis contraire : M. Teyssonnières, M. Adolphe Bertillon, chef du service de l'identification à la préfecture de police ; M. Charavay qui a apporté à sa déclaration certaines réticences.

Ces experts n'avaient pas été mis à même de comparer le bordereau avec l'écriture d'Esterhazy.

Depuis, dans le procès Esterhazy, les trois experts, MM. Belhomme, Varinard et Couard, déclarèrent que le bordereau avait été calqué sur l'écriture d'Esterhazy. Or, s'il a été calqué sur l'écriture d'Esterhazy, il n'est pas de l'écriture de Dreyfus.

Sur huit experts, cinq ont donc conclu qu'il n'était pas de l'écriture de Dreyfus.

Le capitaine Dreyfus était un capitaine d'artillerie. Or, il parle : 1° « du frein hydraulique », c'est un terme impropre, le frein s'appelle hydropneumatique ; 2° « de la manière dont s'est conduite cette pièce », terme impropre. Un artilleur dit : « se comporte ». Le général Gonse lui-même parlant du frein, dans sa déposition, dit, à deux reprises, en vertu de l'habitude : « Se comporte ».

Alors on abandonne le bordereau et on déclare que Dreyfus a été condamné sur une pièce ou plusieurs pièces secrètes, communiquées au Conseil de guerre en dehors des débats. Me Demange a affirmé dans sa lettre du 25 novembre que, quant à lui, il ne connaissait que le bordereau.

On a vu plus haut que c'était l'*Eclair* qui avait révélé la pièce secrète et en avait donné le texte. M. le commandant Ravary, dans son rapport sur Esterhazy, parlait du dossier secret et de la pièce portant ces mots : « Cette canaille de D... » et ajoutait « que c'est une pièce identique qui a été renvoyée par l'inculpé ».

C'est l'aveu officiel de la pièce secrète.

Enfin, à la Cour d'assises, le 10 février, le président, M. Delégorgue, empêche Me Clémenceau de poser la question à M. Salles. Mais Me Demange peut dire, malgré les efforts du Président :

— Je ne considérais pas le jugement comme légalement rendu.

Me Labori. — Pourquoi?

Le Président. — La question ne sera pas posée.

Me Demange. — J'avais su par M. Salles qu'il y avait eu violation relative de la loi ; c'est pour cela que je voulais m'adresser au Ministre.

Me Clémenceau. — N'est-ce pas parce qu'un juge du Conseil de guerre l'a affirmé à M. Salles, qui le lui a affirmé?

Me Demange. — Mais oui! parbleu!

Quant au général Mercier, voici ce qu'il s'est borné à dire :

Me Labori. — Le général Mercier pourrait-il nous dire si une pièce secrète a été communiquée au Conseil de guerre dans l'affaire Dreyfus, en 1894, en dehors du débat?

Le Général Mercier. — Je crois que l'affaire Dreyfus n'est pas en question et qu'il est intervenu un arrêt de la Cour qui interdit de la mettre en question. »

Ainsi, le général Mercier n'a pas nié. *En évitant de répondre, il a avoué.*

Or, si Dreyfus a été condamné sur une ou plusieurs

pièces secrètes, la condamnation est nulle : la chose jugée n'existe pas. Le code militaire est formel.

Aussi on n'ose plus parler de la pièce secrète. On a inventé une autre preuve : *c'est la preuve postérieure.*

Dreyfus est condamné depuis plus de trois ans. Le 17 février 1898, à l'audience de la cour d'assises, le général de Pellieux est venu apporter cette preuve postérieure.

Après avoir dit un : « Allons-y ! » énergique, il a raconté l'histoire suivante :

« Au moment de l'interpellation Castelin, il s'est produit un fait que je tiens à signaler. On a eu au ministère de la guerre, la preuve absolue de la culpabilité de Dreyfus ; absolue ! et cette preuve je l'ai vue. Au moment de cette interpellation, il est arrivé au ministère de la guerre un papier dont l'origine ne peut être contestée et qui dit :

— « Il va se produire une interpellation sur l'affaire Dreyfus. Ne dites jamais les relations que nous avons eues avec ce juif. »

« Et, messieurs, là note est signée ! elle n'est pas signée d'un nom connu, mais elle est appuyée d'une carte de visite, et au dos de cette carte de visite, il y a un rendez-vous insignifiant, signé d'un nom de convention, qui est le même que celui qui est porté sur la pièce, et la carte de visite porte le nom de la personne. »

Le lendemain le général de Boisdeffre a confirmé.

Quelle est donc l'idée que ces généraux se font des caractères d'une preuve pour dire que celle-là est « une preuve absolue »? Qu'est-ce que cette preuve qui vient deux ans après la condamnation du capitaine Dreyfus, entre le 16 novembre, date du départ de Picquart, et le 18, date de l'interpellation Castelin? S'il y avait eu des preuves antérieures, on n'aurait pas besoin d'invoquer ces preuves postérieures, mystérieuses, soustraites à tout contrôle ; et la contexture de celle-ci ne porte-t-elle pas tous les caractères du faux : 1° ce besoin de correspondre précisément à la veille d'une interpellation entre deux attachés militaires, qui se voyaient tous les jours, sans doute pour atteindre ces deux buts contradictoires : dissimuler et révéler en même temps les relations avec Dreyfus; 2° cette recommandation superflue du silence; 3° cette désignation « ce juif » qui donne la marque de fabrique de ce papier; 4° cette carte de visite doublée d'un nom de convention qui est le même que celui porté sur la pièce; 5° qui avait intérêt à invoquer et à recevoir cette communication? Ce n'est pas l'expéditeur, attaché militaire étranger, qui ne parlera pas au Parlement. Ce n'est pas le destinataire, attaché militaire, qui ne parlera pas davantage. Ceux qui ont intérêt à la production d'une pièce de ce genre sont : ou Esterhazy; ou ceux qui ont fait condamner Dreyfus pour influer sur un Ministre perplexe et cependant peu difficile en fait de preuves.

L'auteur a vraiment pris trop de précautions pour assurer son faux. On devient tristement rêveur en pensant au degré de perspicacité et aux principes de méthode d'un chef d'État-Major et d'un général, commandant la place de Paris, qui déclarent que de pareils papiers donnent « la preuve absolue de la culpabilité de Dreyfus ! »

Rochefort a annoncé qu'on nous réservait d'autres preuves du même genre et sans doute de la même fabrique pour la cour d'assises de Versailles. On dit que parmi ces preuves se trouverait une lettre de l'empereur Guillaume à l'ambassadeur d'Allemagne qui serait l'équivalent de la lettre citée ci-dessus !

Les généraux auraient bien tort de se gêner. Ils semblent pouvoir compter sur une crédulité de la foule égale à la leur.

Mais ce dossier secret, le général Gonse ne le trouvait pas si probant quand il écrivait à Picquart : « Au point où vous en êtes de votre enquête, il ne s'agit pas, bien entendu, d'éviter la lumière; mais il faut savoir comment on doit s'y prendre pour arriver à la manifestation de la vérité (10 sepembre 1896). »

Enfin, comment, si l'État-Major a des preuves sérieuses, ne les a-t-il pas produites lors du procès Dreyfus? Comment le général Billot ne les a-t-il pas montrées à Scheurer-Kestner, qui lui en demandait une seule ? Comment les généraux de Pellieux et de Boisdeffre sont-ils réduits à invoquer des preuves aussi ridicules que la prétendue dépêche du 16 novembre 1896 ?

2° *Preuve testimoniale*. — M. le Ministre de la guerre a dit que Dreyfus avait été condamné « sur le témoignage de 27 officiers ». Or, de ces 27 officiers, il faut retrancher 5 experts en écriture, dont 2 favorables à Dreyfus, plus M. Cochefert. Mais M. Cochefert, qui avait arrêté Dreyfus, déclara qu'il n'avait jamais vu un coupable se comporter, au moment de son arrestation, comme l'avait fait le capitaine.

Plusieurs des dépositions d'officiers furent favorables à Dreyfus, si bien que le Commissaire du gouvernement, se tournant vers Me Demange, s'écria : « Il ne reste plus que le bordereau, mais cela suffit ! »

Mais il y a quatre témoignages de premier ordre qu'on ne peut récuser dans une affaire de trahison qui, forcément, est internationale.

Au moment où surgit l'affaire Dreyfus, l'empereur d'Allemagne exigea qu'on lui dît exactement la vérité. Après enquête, l'état-major allemand lui affirma que jamais ni directement, ni indirectement, Dreyfus n'avait été en rapport avec aucun agent allemand. Il fit part de ce renseignement à M. de Münster, qui le communiqua à M. Casimir Périer, alors président de la République, et à M. Charles Dupuy, président du Conseil. M. Hanotaux, qui était alors ministre des affaires étrangères, était absent ; mais il a dû d'autant moins ignorer cette communication que, le 12 novembre 1894, le major Schwarzkoppen déclarait qu'il n'avait jamais été en relation directe ou indirecte avec Dreyfus ; le 13 novembre, démenti non moins catégorique de l'Italie ; le 14 novembre, démenti non moins formel de l'Autriche.

Enfin, une dépêche de Berlin, du 24 janvier 1898, nous

apportait les paroles suivantes, prononcées par M. de Bulow à la Commission du budget du Reichstag :

« Je me bornerai donc à déclarer de la façon la plus formelle et la plus catégorique qu'entre l'ex-capitaine Dreyfus, actuellement détenu à l'île du Diable, et n'importe quels organes allemands, il n'a jamais existé de relation ni de liaison, de quelque nature qu'elles soient Les noms de Walsin-Esterhazy, Picquart, je les ai entendus, pour la première fois depuis mon existence, il y a trois semaines.

« Quant à l'histoire de la lettre d'un agent mystérieux, soi-disant trouvée dans un panier à papier, elle ferait peut-être bonne figure dans les dessous d'un roman ; naturellement, elle est tout imaginaire et n'a jamais eu lieu en réalité.

« Enfin, je désirerais constater avec satisfaction que l'affaire dite « affaire Dreyfus », si elle a fait beaucoup de bruit, n'a en rien troublé, à ma connaissance, les relations uniformément tranquilles qui existent entre l'Allemagne et la France. »

Une dépêche du 31 janvier nous apportait la déclaration suivante de M. le comte Bonin Longaré, sous-secrétaire d'État aux affaires étrangères, à la Chambre des députés italienne :

« Je puis affirmer de la manière la plus explicite que ni notre attaché militaire, ni aucun agent ou représentant du gouvernement italien, n'ont eu jamais aucun rapport direct ou indirect avec Dreyfus. »

Dans ses entretiens avec M. Henri Casella, M. de Schwarzkoppen, l'attaché militaire allemand, a déclaré de la manière la plus nette que « Dreyfus n'était pas coupable ». (*Siècle* du 8 avril.)

Le Ministre des affaires étrangères, M. Hanotaux, ne peut se dissimuler la gravité de ces déclarations; car il sait que jamais les gouvernements ne couvrent leurs espions. Tant pis pour eux s'ils se font prendre.

3° *Les présomptions.* — M. d'Ormescheville disait, dans son rapport, que « la conduite privée de Dreyfus est loin d'être exemplaire ». Il aurait arrêté une femme dans la rue et une autre au concours hippique! M. d'Ormescheville l'accusait d'avoir été appelé comme témoin, en 1890, dans l'affaire de Mme Dida, qui avait été assassinée. Or, le Dr Lutaud, qui la soignait, a raconté qu'il n'avait jamais été son amant et que le président de la Cour d'assises l'avait félicité de sa conduite.

Le rapport d'Ormescheville ajoute que « le capitaine Dreyfus n'avait jamais eu le goût du jeu ». Mais il avait reconnu « avoir dîné une fois au cercle de la presse ». Le rapport d'Ormescheville fait l'énumération d'autres cercles; mais il ne dit pas que jamais Dreyfus y soit allé.

Depuis, on a raconté que Dreyfus avait acheté une maison 220,000 francs, et que c'était pour la payer qu'il avait trahi. Après avoir entendu raconter cette histoire par un officier, Scheurer-Kestner se décida à vérifier, ne trouva pas, et ce fut là le début de son enquête.

M. d'Ormescheville disait qu' « il pouvait se rendre en Alsace en cachette, à peu près quand il le voulait ». Après la publication de l'acte d'accusation, le *Strassburger Post* a dit qu' « en juin et juillet 1892, Dreyfus avait demandé un permis de séjour » et que sa demande avait été rejetée; qu'en 1893, son père étant tombé gravement malade, un permis de cinq jours lui avait été accordé.

M. de Bulow disait dans sa communication à la Commission du Reichstag : « Bien moins encore j'ai entendu parler de facilités particulières qui auraient été accordées, de la part de l'Allemagne, à l'ex-capitaine. »

M. d'Ormescheville lui reprochait d'être « curieux » et ajoutait « que cette attitude a été un fait sérieux à son passif ».

« Les notes successives obtenues par le capitaine Dreyfus sont généralement bonnes, quelquefois même excellentes », à l'exception de celles du colonel Fabre.

« Il parle plusieurs langues, notamment l'allemand ; il possède des connaissances très étendues ; il est doué d'un caractère très souple...

« Le capitaine Dreyfus était donc tout indiqué pour la misérable et honteuse mission... »

Telles sont les présomptions sur lesquelles le commandant d'Ormescheville basait son acte d'accusation.

« Ces preuves morales » parurent si faibles que le commandant Brisset y renonça dans son réquisitoire.

En réalité, il n'y avait qu'une présomption grave contre Dreyfus : *il était juif, et le premier officier juif entré à l'Etat-Major.*

4° *L'Aveu.* — Arrêté inopinément le 15 octobre 1894, Dreyfus dit : « Prenez mes clés, ouvrez tout, vous ne trouverez rien. » *On ne trouva rien.*

M. d'Ormescheville constate « ses dénégations persistantes et ses protestations contre le crime qui lui est reproché ». Il ajoute : « Toutes les fois qu'il se sent serré de près, il s'en tire sans trop de difficultés, grâce à la souplesse de son esprit. »

Dreyfus n'a cessé de protester de son innocence dans toutes ses paroles, avant et après sa condamnation. Le témoignage du commandant Forzinetti, qui commandait la prison du Cherche-Midi, est formel.

Tous les journaux, de toutes nuances, ont raconté qu'il protesta de son innocence le jour de sa dégradation.

Quand le capitaine Lebrun-Renault qui l'accompagnait fit au Moulin Rouge, devant M. Olivier Clisson le récit de sa journée, il donna des détails très précis, puisqu'il parla des documents indiqués dans le bordereau que personne ne connaissait; on les trouve dans le *Figaro* du 6 janvier 1895 : il ne dit pas un mot d'un prétendu aveu.

S'il y a eu un rapport du capitaine Lebrun-Renault, parlant de cet aveu, ce n'est qu'un rapport fait récemment.

De toute manière, ce témoignage de M. Lebrun-Renault non ratifié par le condamné, ne peut avoir aucune valeur juridique.

Comme valeur morale, que vaudrait-il auprès de cette lettre que Dreyfus écrivait à Mᵉ Demange le lendemain de sa dégradation :

« J'ai tenu la promesse que je vous avais faite. Inno-
« cent, j'ai affronté le martyre le plus épouvantable qu'on
« puisse infliger à un soldat ; j'ai senti autour de moi le
« mépris de la foule ; j'ai souffert la torture la plus terrible
« qu'on puisse imaginer. Et que j'eusse été plus heureux
« dans la tombe ! Tout serait fini ; je n'entendrais plus
« parler de rien, ce serait le calme, l'oubli de toutes mes
« souffrances. Mais, hélas ! le devoir ne me le permet pas !»

Dans toutes ses lettres à sa femme, Dreyfus fait
entendre la même protestation.

Voici une des dernières :

« Tant que j'aurai la force de vivre dans une situation
« aussi inhumaine qu'imméritée, je t'écrirai pour t'animer
« de mon indomptable volonté.

« Les dernières lettres que je t'ai écrites sont comme
« mon testament moral. Je t'y parlais d'abord de notre
« affection ; je t'y avouais aussi des défaillances physiques
« et cérébrales ; mais je t'y disais non moins énergique-
« ment ton devoir, tout ton devoir.

« Certes, parfois, la blessure est par trop saignante et le
« cœur se soulève, se révolte. Certes, souvent épuisé
« comme je le suis, je m'effondre sous les coups de la
« massue ; et je ne suis plus alors qu'un pauvre être
« humain d'agonie et de souffrance. Mais mon âme
« indomptée me relève, vibrant de douleur, d'énergie,
« d'implacable volonté devant ce que nous avons de plus
« précieux au monde, notre honneur, celui de nos enfants.
« et je me redresse encore pour jeter à tous le cri d'appel
« de l'homme qui ne demande, qui ne veut que la
« justice.

« Moi, je ne vis que de ma fièvre depuis si longtemps,
« au jour le jour, fier quand j'ai gagné une longue journée
« de vingt-quatre heures. »

L'original est au ministère des colonies. La copie est
certifiée :

« Vu par ordre, le chef du bureau de l'administration
« pénitentiaire. »

Il n'y a eu que deux aveux relevés avant le procès, et tous les deux l'ont été par M. du Paty de Clam.

Il aurait dicté le bordereau à Dreyfus et Dreyfus se serait troublé. Or ceux qui ont vu la copie de cette épreuve déclarent que c'est faux.

M. du Paty de Clam, entrant dans la chambre de Dreyfus au moment où il était au lit, lui dit :

— Vous êtes un traître ! Dreyfus répondit ! — Non. Son visage ne broncha pas. Mais du Paty de Clam vit son pied qui s'agitait sous la couverture. Cet aveu du pied détermina la conviction de M. du Paty de Clam : mais c'est le seul qu'il ait pu invoquer.

5° *Le Serment.* — Dreyfus n'a pas eu à prêter de serment légal.

II

Les preuves contre Esterhazy

Maintenant nous allons appliquer les cinq ordres de preuves à Esterhazy.

1° *Preuve littérale.* — Le bordereau est de l'écriture d'Esterhazy. Lui même, dès le 16 novembre 1897, en avouait « l'effroyable similitude. »

Dans leurs interviews (*Echo de Paris*, 23 janvier 1898), les experts du procès Esterhazy déclaraient que « le bordereau avait été calqué sur son écriture ».

Pour soutenir cette thèse, il fallait prouver que l'auteur du décalque avait beaucoup d'écriture d'Esterhazy à sa disposition. Alors celui-ci, qui n'est jamais à court d'explications, a inventé l'histoire d'un prétendu capitaine Brault, qui lui avait demandé, en 1893, une étude sur le rôle de la cavalerie en Crimée. Mais M. Esterhazy a négligé de garder la lettre de demande. On doit le croire sur parole, comme pour les dames voilées !

Non seulement, M. Franck, docteur en droit, avocat, expert en écriture à Bruxelles, M. Paul Moriaud, professeur de droit à l'Université de Genève, M. le docteur Héricourt, rédacteur en chef de la *Revue Scientifique*, mais MM. Paul Meyer, membre de l'Institut, directeur de l'Ecole des Chartes; Giry, membre de l'Institut, professeur à l'Ecole des Chartes; Auguste Molinier, professeur à l'Ecole des Chartes; Emile Molinier, archiviste paléographe, professeur à l'Ecole du Louvre; Louis Havet, professeur au Collège de France; Bourmont, archiviste paléographe, prouvèrent « qu'il existait entre l'écriture du bordereau et l'écriture d'Esterhazy une ressemblance, une similitude qui va jusqu'à l'identité ».

Ils ont ajouté : « L'écriture de M. Esterhazy est absolument particulière, très caractéristique, elle a ce qu'on peut appeler des idiotismes qui lui sont spéciaux. »

On peut voir dans le compte rendu sténographié des débats du procès Zola, leur méthode et leur preuves. MM. Bertillon, Teyssonnières, Charavay, Couard, Varinard, Belhomme, ont refusé, eux, d'expliquer les motifs de leurs opinions.

MM. Bertillon, auteur d'un plan de fortification qui donne des doutes sur son état mental, Teyssonnières, rayé des experts en écritures du tribunal de la Seine, Varinard, emetteur de sociétés fantastiques, Belhomme, auraient eu le plus grand besoin de fortifier leur autorité intellectuelle et morale par des preuves. Or, ce sont eux qui les refusent; et ce sont les Paul Meyer, les Giry, les Molinier, les Louis Havet qui ne se contentent pas d'affirmations, mais démontrent!

Le lieutenant-colonel Picquart a prouvé dans sa déposition devant la Cour d'assises « que c'était un officier de troupes, comme Esterhazy, et non un officier d'état-major, qui devait être l'auteur du bordereau ». (Tome II, p. 102).

Les pièces énumérées dans le bordereau étaient peu importantes. Il ne s'agit que de notes, excepté pour « le projet de *Manuel de tir* ».

Voici les premiers renseignements obtenus par le colonel Picquart au sujet d'Esterhazy : « Cet homme a des allures singulières; il a été deux fois aux écoles à feu d'artillerie et il a demandé à y retourner une troisième fois ; et, comme on lui a objecté que ce n'était plus son tour, il y est retourné sans indemnité. » Il avait invoqué le prétexte d'une maison de campagne près du camp de Châlons ; mais une fois il est allé au Mans.

La modification aux formations d'artillerie a fait l'objet d'un projet de loi qui n'avait rien de mystérieux. Esterhazy pouvait le connaître par des membres du Parlement ou des journalistes avec qui il était en rapport.

Une note sur Madagascar : tout le monde peut établir un document de ce genre. Le général de Pellieux a dit que la note n'avait été élaborée qu'au mois d'août. Or, le bordereau est du printemps, et M. d'Ormescheville parle d'un rapport sur Madagascar qui aurait traîné, au mois de février 1894, plusieurs jours dans l'antichambre du 2e bureau de l'Etat-major.

« Frein hydraulique », disait la note. Il y a eu un frein hydraulique qui est mentionné dans le règlement sur le service des bouches à feu de 1889. Est-ce de celui-là qu'il s'agit ? Alors la note est en retard. S'agit-il du frein hydropneumatique dont parle le règlement de 1895 ? Pourquoi le bordereau l'appelle-t-il hydraulique ?

Un officier d'artillerie aurait-il commis une semblable confusion ? En tous cas, le frein hydropneumatique était connu des officiers d'artillerie avant 1894, comme le prouvent plusieurs lettres d'officiers reçues et publiées par le *Siècle* (janvier et février 1898).

Un officier d'artillerie, attaché à l'Etat-Major, n'aurait pas eu de difficulté pour se procurer « le projet de manuel de tir de l'artillerie de campagne ». Il n'aurait pas dit « que le Ministre de la guerre en a envoyé un nombre fixe dans les corps », puisque ce n'est pas un de ceux envoyés dans les corps qu'il aurait eu à sa disposition.

L'auteur du bordereau propose de le faire copier, et le colonel Picquart montre que, comme major, Esterhazy avait des secrétaires.

« Je vais partir en manœuvres. » Au printemps, ce sont

des manœuvres de brigade avec cadres : généralement les majors n'y prennent pas part. Or, les rapports du 74ᵉ de ligne, à cette date, portent que le commandant Esterhazy y a pris part. (Procès Zola. tome II, p. 104.)

La contexture du bordereau démontre qu'il a pour auteur non *un officier d'artillerie de l'État-Major*, mais *un officier de troupes*, et que cet officier de troupes doit être Esterhazy.

Il y a une seconde preuve littérale contre Esterhazy. En mai 1896, le même agent, qui avait remis le bordereau au Ministère de la guerre, remet à M. le colonel Picquart, alors chef du bureau des renseignements, une carte-télégramme, un « petit bleu » déchiré en cinquante-neuf ou soixante morceaux. M. Picquart le confie au commandant Lauth pour le restaurer. Par lui-même, ce petit papier n'avait pas de valeur. En voici le texte :

« J'attends avant tout une explication plus détaillée que celle que vous m'avez donnée, l'autre jour, sur la question en suspens. En conséquence, je vous prie de me la donner par écrit, pour pouvoir juger si je puis continuer mes relations avec la maison R... ou non.

« M. le commandant Esterhazy,
« 27, rue de la Bienfaisance, Paris. »

Ce petit papier, s'il eût été saisi à la poste ou chez le commandant Esterhazy, aurait pu être insignifiant : ce qui constituait sa valeur, c'est qu'il avait la même origine que le bordereau. Ce n'était pas une preuve : c'était un indice qui poussa le colonel Picquart à faire une enquête.

Un agent déclara qu'« un officier supérieur, âgé d'environ cinquante ans, fournissait à une puissance étrangère tels ou tels documents ». « Or, ces documents, dit le colonel Picquart, étaient précisément ceux dont m'avait parlé le camarade à qui je m'étais adressé, lorsque j'avais découvert la carte-télégramme. » Le colonel Picquart demanda au colonel du régiment où servait Esterhazy de lui fournir certaines lettres. Comparées avec le bordereau et mises sous les yeux de M. Bertillon, celui-ci dit aussitôt au colonel Picquart : « C'est l'écriture du bordereau. »

La découverte du « petit bleu » a été jugée si grave par tous les officiers acharnés à sauver Esterhazy, les colonels Henry, du Paty de Clam, le général de Pellieux, le commandant Ravary, que, pour en atténuer la portée, ils ont accusé le colonel Picquart de faux. Le colonel Picquart était, comme chef du bureau des renseignements, le préfet de police de l'armée : et c'est ainsi qu'ils le traitent ! Le commandant Ravary dit, à l'audience du 11 février : « Il y a bien d'autres charges. »

Est-ce ainsi qu'ils entendent protéger l'honneur de l'armée et augmenter son prestige ?

Ils ont en même temps deux arguments contradictoires. D'un côté, ils disent que Picquart a voulu forger un document pour perdre Esterhazy : donc le document a de la valeur.

D'un autre côté, ils disent que le petit bleu n'est qu'un indice insignifiant : cet argument détruirait donc le précédent ; mais, si ce petit bleu est négligeable, comment se fait-il qu'ils invoquent, comme preuve contre Dreyfus, la prétendue lettre de Schwarzkoppen à Panizzardi du 16 novembre 1896 ?

1° *La preuve testimoniale*. — Il y en a d'abord une accablante, c'est celle du lieutenant-colonel Picquart, nommé chef du bureau des renseignements ; après enquête, il acquiert la preuve que Dreyfus est innocent et qu'Esterhazy est coupable. Il en parle à ses chefs. Les lettres du général Gonse prouvent que celui-ci avait admis la nécessité de la révision du procès Dreyfus et la culpabilité d'Esterhazy.

Le nom du commandant Esterhazy n'a été prononcé que le 15 novembre 1897. Or, un agent informait le colonel Picquart, au mois de novembre 1896, après la publication du bordereau dans le *Matin*, qu'il avait vu Esterhazy dans un état d'affolement. A la fin d'octobre 1897, Mlle Pays venait trouver M. Autant père, gérant de la maison où elle demeurait rue de Douai avec Esterhazy ; les meubles étaient à elle ; le bail au nom du commandant, elle demandait que le bail fût mis à son nom parce qu'il allait se suicider.

Le commandant nie, Mlle Pays, femme à son service sous tous les rapports, nie au conseil de guerre; M. Autant maintient. Le commissaire du gouvernement lui dit :

— Vous ne paraissez pas très bienveillant pour l'accusé.

M. Autant lui répond :

— Est-ce ne pas être bienveillant que de dire la vérité ?

M. Weil, ancien ami de M. Esterhazy dépose qu'après son duel avec Crémieux-Foa, il a fait pour Esterhazy des démarches chez des israélites « qui donnaient et ne prêtaient pas ». Esterhazy lui écrivait :

« Un héritage que nous étions en droit de considérer
« comme assuré nous aurait permis de vivre... Je ne puis
« m'y soustraire que par un crime. Tout cela est au-
« dessus des forces humaines, mais je suis à bout des forces
« morales comme des forces matérielles ? »

M. Weil. — « Je me rappelle que M. Esterhazy m'a
« tenu à plusieurs reprises le propos suivant : Si cela doit
« continuer ainsi, j'aime mieux tuer ma femme et mes
« enfants et me tuer ensuite. »

Pendant cette enquête, Esterhazy exhiba une prétendue lettre du général de Boisdeffre lui reprochant d'avoir été le témoin d'un officier juif. Le général de Boisdeffre a-t-il écrit cette lettre ? S'il ne l'a pas écrite, elle est l'œuvre d'un faussaire, le même qui a écrit la lettre de l'attaché militaire à la veille de l'interpellation Castelin !

Le général de Pellieux, à la Cour d'assises, s'est montré un chaleureux défenseur de « son cher commandant... » Il a déclaré qu'il était « fier de l'acquittement d'Esterhazy ». (Procès Zola, tome I, p. 247).

Me Labori lui ayant demandé d'où il tenait les renseignements sur le cambriolage dont se plaignait Esterhazy, il a dû répondre : d'Esterhazy !

Enfin le *Récit du Diplomate*, publié dans le *Siècle* du 4 avril et la déposition de M. Henri Casella, publiée dans le

Siècle du 8 avril donnent les détails les plus précis sur les rapports entre Esterhazy et le colonel de Schwarzkoppen, l'attaché militaire allemand.

Esterhazy fut le fournisseur ordinaire du colonel Schwarzkoppen, qui ne reçut pas moins de 162 documents. Il fut le fournisseur jusqu'au 10 novembre 1896, date de la publication du fac similé du *Matin*.

M. de Schwarzkoppen découvrt alors avec épouvante, que le bordereau était d'Esterhazy qui n'osa pas continuer ses relations avec lui. Il ne revint que le 16 octobre 1897 lui demander, le revolver au poing, d'aller déclarer à Mme Dreyfus qu'il avait été en rapport avec Dreyfus !

M. de Schwarzkoppen fut rappelé à Berlin avant que le nom d'Esterhazy ne fût prononcé. Dans des entretiens avec M. Henri Casella, il a déclaré de la manière la plus nette que « Dreyfus n'est pas coupable »; il a dit d'Esterhazy :

— Il est capable de tout !

Le récit du diplomate a été confirmé par une note officieuse allemande : il a été, ainsi que la déposition de M. Henri Casella, reproduit par tous les journaux de l'étranger sans être contesté.

Quand M. de Bulow fit sa déclaration, il se borna à dire qu'il ne connaissait le nom d'Esterhazy que depuis quelques semaines.

3° *Les présomptions.* — Contre Dreyfus, M. d'Ormescheville a beau faire ; il ne peut en trouver.

Contre Walsin-Esterhazy, le rapport Ravary avoue que les renseignements sont déplorables. « Le commandant Esterhazy menait une vie difficile et avait de grands besoins d'argent. » On sait qu'il jouait à la Bourse, qu'il ne payait pas ses différences et qu'il menaçait ses créanciers de son épée ou de son révolver.

Le colonel Dubach a appris à M. Picquart : « Le commandant Esterhazy a eu en 1882, à Spa, une affaire de malversation qui devait le conduire devant un Conseil d'enquête, sinon devant un Conseil de guerre. » Les commandants Sainte-Chapelle et Zickel confirmaient.

Quand le colonel Picquart a signalé le résultat de ses investigations préliminaires sur Esterhazy, on lui répondit : « Esterhazy, mais nous le connaissons mieux que vous. » Seulement, on n'en a rien dit dans le rapport. (Sténographie du procès Déposition du colonel Picquart. Tome I, p. 295.)

Il a abandonné sa femme et ses filles ; il vit avec une fille célèbre au Moulin Rouge.

Il est l'auteur enfin des lettres écrites à Mme de Boulancy, qui montrent son état mental et moral.

Première lettre, concernant l'armée :

« ... Les Allemands mettront tous ces gens-là à leur vraie place avant qu'il soit longtemps. »

Autre lettre sur le même sujet :

« .. Voilà la belle armée de France ! C'est honteux ! Et si ce n'était la question de position, je partirais demain. J'ai écrit à Constantinople ; si on me propose un grade qui me convienne, j'irai là-bas : mais je ne partirai pas sans avoir fait à toutes ces canailles une plaisanterie de ma façon. »

Autre correspondance encore :

« ... Nos grands chefs poltrons et ignorants, iront une fois de plus peupler les prisons allemandes »

Autre lettre :

« ... Je suis à l'absolue merci de cette drôlesse si je commets vis-à-vis d'elle la moindre faute. Et c'est une situation qui est loin d'être gaie. Je la hais, tu peux m'en croire, et donnerais tout au monde pour être aujourd'hui à Sfax et l'y faire venir. Un de mes spahis, avec un fusil qui partirait comme par hasard la guérirait à tout jamais. »

Autre lettre enfin :

« Je suis absolument convaincu que ce peuple ne vaut pas la cartouche pour le tuer ; et toutes ces petites lâchetés de femmes saoules auxquelles se livrent les hommes me confirment à fond dans mon opinion.

« Il n'y a pour moi qu'une qualité humaine, et elle manque complètement aux gens de ce pays ; et si ce soir on venait mo dire que je serais tué demain comme capitaine de uhlans en sabrant des Français, je serais parfaitement heureux.

« Je regrette de tout mon cœur de n'avoir pas été à Aïn-Draham, bien que ce soit un fichu pays, et d'avoir remis les pattes dans cette France maudite. A l'heure présente, exaspéré, aigri, furieux, dans une situation absolument atroce, je suis capable de grandes choses si j'en trouvais l'occasion, ou de *crimes* si cela pouvait me venger.

« Je ne ferais pas de mal à un petit chien, mais je ferais tuer cent mille Français avec plaisir. Aussi, tous les petits potins de perruquier en goguette me mettent-ils dans une rage noire; et si je pouvais, ce qui est beaucoup plus difficile qu'on ne croit, je serais chez le Madhi dans quinze jours.

« Ah! les on-dit que, avec le *on* anonyme et lâche, et les hommes immondes qui vont d'une femme à une autre colporter leurs ragoûts de lupanar et que chacun écoute, comme tout cela ferait triste figure dans un rouge soleil de bataille, dans Paris pris d'assaut et livré au pillage de cent mille soldats ivres.

« Voilà une fête que je rêve.

« Ainsi soit-il! »

Qu'on compare ces lettres avec celles de Dreyfus !

4° *L'aveu.* — Esterhazy a avoué malgré lui.

Après la dénonciation de Mathieu Dreyfus, *la Libre Parole*, du 17 novembre, *l'Echo de Paris*, du 14 novembre, publièrent qu'il avait reconnu dans leurs bureaux « la similitude effrayante d'écriture du bordereau et de la sienne. »

Avant que son nom ne fût prononcé, il annonçait à Mlle Pays qu'il était perdu et qu'il allait se suicider.

Enfin le commandant Esterhazy avoue toutes les lettres excepté celle où il se qualifie de uhlan ; mais quoique le général de Pellieux l'ait autorisé à poursuivre ceux qui la lui attribuent, il s'est bien gardé de se servir de cette autorisation.

Après le *Récit d'un témoin* et la *Déposition de M. Henri Casella* dans le *Siècle*, il est resté muet. Il n'a même pas osé faire entendre une protestation.

5° *Le serment.* — Esterhazy a été entendu comme témoin par la cour d'assises. Il prêta serment, mais ne répondit à aucune des questions que lui posa M. Albert Clémenceau.

Le silence préserve d'un parjure et d'un faux témoignage.

Supposons un jury réuni pour une affaire ordinaire, débarrassée de tous les accessoires dont on essaye d'entourer celle-ci; qu'on lui donne les mêmes preuves, aura-t-il un moment d'hésitation?

A cette question : — Y a-t-il des preuves de la culpabilité de Dreyfus? — il répondra : — NON!

Y a-t-il des preuves de la culpabilité d'Esterhazy? — il répondra : — OUI!

TROISIÈME PARTIE

LES MYSTÈRES

I

L'Etat-Major et Esterhazy

Alors se produit un phénomène inexplicable.

De ces deux hommes, Dreyfus et Esterhazy, le premier est innocent, le second est coupable.

Or, nous voyons le ministre de la guerre, les généraux de Boisdeffre, de Pellieux, Gonse, les colonels du Paty de Clam, Henry, s'efforcer de prouver que l'honneur de l'armée consiste à maintenir l'innocent à l'Ile du Diable et le traître dans les rangs de l'armée et sur les tableaux de la Légion d'honneur.

Les lettres du général Gonse prouvent qu'en 1896 son premier mouvement avait été de s'associer à l'enquête de Picquart. (Procès Zola, tome 1, page 109). C'était le bon. Qu'elles influences intervinrent au moment ou on annonça l'interpellation Castelin, pour le 18 novembre ? Le 16, on expédie tout à coup Picquart faire une mission aussi vague que mystérieuse. On le promène à l'Est, au Sud-Est, on l'envoie à Marseille, en Algérie, en Tunisie, à Sousse ; et là, en mars 1897, pour l'immobiliser, on le nomma lieutenant-colonel de tirailleurs, le plus jeune lieutenant-colonel de l'armée française ! On envoie au général commandant la Tunisie l'ordre, toutefois rédigé avec une réticence prudente, de l'envoyer relever le point où Morès a été tué. C'était l'envoyer à une mort certaine. Le général Leclerc, commandant la Tunisie, refusa de donner suite à cet ordre. Le colonel Picquart reçut une lettre de menaces de son ancien subordonné, le commandant Lautte, l'accusant de « falsification de clichés, » d'avoir voulu faire mettre à la poste des timbres sur des lettres qui n'en avaient pas « et l'accusant de mensonges. (V. procès Zola, tome I, p. 155). Ce fut alors (juin 1897) que le colonel Picquart demanda conseil et confia la vérité à son ami Leblois. En même temps, on essayait de perdre Picquart moralement, par des procédés qui rappellent tout à fait ceux que le commandant du Paty de Clam avait employés pour obtenir la condamnation de Dreyfus.

Le lieutenant-colonel Picquart fréquentait à Paris le salon de Mlle de Comminges, où il avait reçu le surnom de « Bon Dieu », et le capitaine de Lallement celui de « demi Dieu. » Un de ses amis dans une lettre du 20 novembre 1896, lui disait : « Le *demi Dieu* demande tous les jours à Mme la Comtesse (c'est Mlle de Comminges) quand il pourra voir le « bon Dieu ». Cette lettre ne parvint au colonel Picquart qu'après avoir été ouverte et copiée au

ministère de la guerre. Le mois suivant arrivait au bureau
des renseignements une lettre qui, cette fois, fut inter-
ceptée complètement et dont on ne donna aucune connaissance au colonel Picquart. Cette dernière lettre est,
sûrement l'œuvre d'un faussaire et est signée *Spe. anra*. Le
colonel Picquart en a eu connaissance pour la première
fois au cours de l'enquête du général de Pellieux. Elle
était le point de départ des machinations dirigées contre
le colonel Picquart.

M. Scheurer-Kestner avait vu le ministre de la guerre
le 30 octobre. Il avait été convenu que la conversation
resterait secrète. Le lendemain, dans les journaux de
l'état-major, sa visite fut racontée avec des commentaires
mensongers. On disait que Scheurer-Kestner avait refusé
que le ministre de la guerre lui donnât la preuve de la
culpabilité de Dreyfus. Or, c'était le contraire. Le général
Billot se bornait à dire : « Il est coupable. » — Démontrez-
le moi et je le déclarerai. — « Je ne puis vous le démontrer », répondait le général Billot. M. Scheurer-Kestner
donna quinze jours au ministère de la guerre. Pendant ces
quinze jours, les journaux de l'état-major le traînèrent
dans la boue, le traitèrent de misérable, de vendu, l'appe-
lèrent prussien.

Il fallait aviser d'un autre côté. Or, le 11 et
le 12 novembre, le lieutenant-colonel Picquart rece-
vait deux télégrammes. Le premier était ainsi conçu :
« Arrêtez *demi Dieu*, tout est découvert, affaire très grave.
Speranza. » Le second portait ces mots : « On a des preuves
que le bleu a été fabriqué par Georges. *Blanche*. » Le
premier télégramme avait pour but de représenter Picquart
comme l'instrument de Scheurer-Kestner qu'il ne connaissait pas et qu'on appelait le « demi Dieu », et de lui
faire attribuer par une confidente, la fabrication du
bleu !

L'instruction contre Esterhazy est ouverte ; mais ce ne
fut que sur les réclamations de la presse et un virulent
article de Clémenceau, que le général de Pellieux se décida

à faire revenir Picquart de Tunisie. Les journaux de l'état-major le présentèrent comme un accusé. Avant son arrivée, le général de Pellieux envahit sa maison sous prétexte de chercher des allumettes de contrebande et fit une perquisition chez lui, espérant y trouver les lettres du général Gonse et quelques papiers dont on pût tirer parti contre lui.

Le rapport du commandant Ravary est un acte d'accusation contre Picquart. Il est traité en criminel. Le lendemain de l'acquittement d'Esterhazy, on le met aux arrêts au Mont-Valérien. D'effroyables menaces pèsent sur lui. Quand on a fait tout le possible pour le discréditer et l'intimider, on n'ose le traduire que devant un Conseil d'enquête qui le met en réforme par retrait d'emploi.

Le lieutenant-colonel Picquart a brisé la plus belle carrière, un métier qu'il aimait, parce qu'il a mis la passion de la justice, l'amour de la vérité au-dessus de toutes les autres considérations.

Si son nom doit être en exécration aux criminels qu'il a contribué à confondre, aux aveugles qui refusent de raisonner, il restera dans la mémoire de tous les hommes qui ont un idéal moral, comme celui d'un héros du devoir : et les générations à venir seront élevées dans son admiration.

Le nom de *Speranza* avait été connu du public pour la première fois par le rapport Ravary qui racontait que « le commandant Esterhazy avait reçu au mois d'octobre (1897) une lettre signée *Speranza* lui donnant de minutieux détails sur un complot le visant et dont l'instigateur était un colonel nommé Piquart (le nom était écrit Piquart sans c).

« Le commandant Esterhazy en rendit compte immédiatement au ministre de la guerre, en lui adressant la lettre reçue ». Le commandant Ravary ne dit pas ce qu'est devenue cette lettre.

Le commandant Ravary, raconta sérieusement que son client eut avec une dame « voilée trois entrevues, toutes

entourées du même caractère de discrétion », tantôt derrière l'église du Sacré-Cœur, tantôt à Montsouris.

« Au cours de la seconde visite, l'inconnue remit un pli
à son interlocuteur en lui disant : « Prenez la pièce con-
tenue dans cette enveloppe, elle prouve votre innocence,
et si le *torchon* brûle, n'hésitez pas à vous en servir. »

« Le 14 novembre, l'inculpé, conseillé en ce sens, n'hésitait pas à se démunir du document libérateur en l'en-
voyant au ministre de la guerre, s'en remettant loyalement
à ses chefs du soin de défendre son honneur menacé. »

Pourquoi supposer qu'Esterhazy devait être dénoncé? Il
donnait donc matière à soupçon?

Quel est « le document libérateur? » Comment pouvait-
il « prouver son innocence? »

Etait-ce un document secret? Mais alors comment pou-
vait-il sortir des mystérieuses armoires de fer du Ministère de la Guerre pour tomber entre les mains « d'une
dame voilée » et de là entre les mains d'Esterhazy?

Comment le ministre de la guerre a-t-il pu le recevoir
sans s'enquérir de la manière dont Esterhazy avait pu se
le procurer?

Pas la moindre enquête? Pas la moindre recherche?
On trouve tout naturel ce vagabondage de document
mystérieux et on exige que nous n'y trouvions rien d'anor-
mal.

Que signifient toutes les histoires où se voit la marque
de fabrique de M. du Paty de Clam qui, dans sa vie, a une
autre histoire de dame voilée?

Elle montrent une fabrique de faux, de racontars lou-
ches et d'un romanesque invraisemblab'e. On essayait de
persuader que *Speranza* était une fé ..me à qui Picquart
avait livré des pièces secrètes et les mystères d'un complot
fomenté pour perdre Esterhazy et sauver Dreyfus !

Cette femme s'était brouillée avec Picquart. Révoltée de
telles manœuvres, elle s'était attachée à sauver Esterhazy.
Les fabricants de ce récit ne se sont même pas donné la
peine de mettre leurs actes d'accord. Il expliquerait la

lettre de *Speranza* au commandant Esterhazy : mais si elle connaissait si bien Picquart, comment supprimait-elle le *c* de son nom ? Il expliquerait encore les entrevues de la dame voilée qu'Esterhazy a eu l'extraordinaire discrétion de ne pas essayer de connaître, et la remise du document libérateur : mais il n'expliquerait pas le télégramme du 10 novembre à Picquart où *Speranza* le prévenait amicalement que tout est découvert.

Dans toutes les histoires d'Esterhazy et de ses amis de l'Etat-major, on constate ce que les aliénistes appellent la complication des hypothèses. Rien n'est simple. Les menteurs ont pour habitude d'essayer de justifier un mensonge par un autre. Ainsi, il prétendait être allé mettre « le document libérateur » en sûreté à Londres ; puis Ravary dit qu'il l'a remis au ministre de la guerre ; et il n'est allé qu'à l'alibi-office du passage de l'Opéra d'où avaient été expédiées des lettres de chantage, mises à la poste à Lyon, à l'adresse de MM. Hadamard et Mathieu Dreyfus.

On peut cependant dégager la vérité de toutes ces histoires. Esterhazy avait été informé par ses amis de l'Etat-major ou par les journaux que Scheurer-Kestner s'occupait de l'affaire. Il fut pris de terreur. Le 16 octobre 1897, il fit auprès du colonel de Schwarzkoppen l'odieuse démarche que nous avons racontée plus haut. Le colonel Schwarzkoppen l'ayant repoussée, tout en s'engageant à garder le silence, Esterhazy le quitta inquiet : deux heures après, il revint rayonnant disant qu'il avait vu à un rendez-vous deux officiers qui lui avaient remis un document grâce auquel maintenant il pouvait défier ses ennemis.

Il est certain que ces deux officiers sont devenus la dame voilée qui, d'après Esterhazy, lui remit le document libérateur le 29 octobre. Cette dame voilée avait des moustaches et portait des bottes.

Le général de Luxer est lui-même obligé de constater qu'elle est bien mystérieuse et bien étonnante. Cependant on la présenta au public, on affirme son existence, ses démarches : et il y a des gens qui y croient, comme il y a des gens qui croient aux miracles de Lourdes.

L'ex-policier Souffrain est signalé par la Sûreté générale comme l'auteur au moins d'un des deux télégrammes. On ne le recherche pas. Le colonel Picquart dépose une plainte en faux contre lui. On ne peut le découvrir. L'instruction est toujours pendante devant M. Bertulus.

Un individu, dit Lemercier-Picquart, essaye de vendre à M. Joseph Reinach une fausse pièce signée Otto. Il n'y parvient pas. Il la porte à Rochefort, qui triomphe jusqu'au moment où il est condamné en police correctionnelle. Pour le procès, on ne retrouve pas ce Lemercier-Picquart ; quelques jours après, on apprend que la police de sûreté l'a trouvé juste au moment où il venait de se pendre à l'espagnolette de sa fenêtre, dans un hôtel de la rue de Sèvres. Jamais Ponson du Terrail n'a rêvé évènements plus compliqués et plus invraisemblables.

Il s'agit de savoir si Esterhazy est coupable : or, le commandant Ravary fait un réquisitoire contre le lieutenant-colonel Picquart. A la Cour d'assises, le général de Pellieux, le général Gonse ne paraissent avoir qu'une préoccupation : accuser le lieutenant colonel Picquart d'avoir fabriqué un faux à la charge d'Esterhazy, comme si, pour accabler ce misérable, il y avait besoin de telles pratiques.

C'est le lieutenant-colonel Picquart qui est l'accusé et l'insulté. Voici la scène dont on a été témoin à la Cour d'assises :

M. LE COLONEL HENRY. — Ceci ne se discute pas, surtout lorsqu'on a l'habitude de voir une pièce, et j'ai vu celle-là plus d'une fois. Je le maintiens formellement et je le dis encore : *le colonel Picquart en a menti !*

M. LE COLONEL PICQUART, *arrêtant brusquement un mouvement de son bras qu'il levait.* — Vous n'avez pas le droit de dire cela !

M. LE PRÉSIDENT. — Vous êtes en désaccord tous les deux (1).

Ce mot de vaudeville n'a pas paru déplacé dans ce drame, et il a fallu qu'après le procès, le lieutenant-colonel Picquart, en donnant un coup d'épée au lieutenant-colonel Henry, qui, tout d'abord, avait refusé de se battre et revint sur sa décision, dans la même journée, sans doute sur des *conseils autorisés*, apprit au président Delegorgue que ces paroles constituaient une injure.

On poursuit Zola une première fois; mais on n'a qu'une préoccupation : circonscrire le débat, et le président, M. Delegorgue, dans sa préoccupation qu'on ne parle pas de l'affaire Dreyfus, finit par dire : Il « n'y a pas d'affaire Zola ! »

On poursuit Zola une seconde fois ; dans la première poursuite, on visait quinze lignes. C'était encore trop. Dans la seconde, on n'en vise plus que trois.

A la Cour d'assises, tous les généraux, tous les officiers, les experts même en écriture, se renferment derrière le secret professionnel, invoquent le huis-clos, et, chaque fois qu'ils se sentent pressés, refusent de répondre. Où est donc la franchise, la sincérité et le désir de la vérité?

On crie à ceux qui réclament la revision du procès Dreyfus :

— Faites la preuve! en publiant que le fardeau de la preuve incombe à l'accusation.

Puis, quand on les envoie devant les tribunaux, on les ligotte, on les baillonne, on les assomme et on dit aux badauds :

— Ils n'ont rien dit !

C'est faux, ils ont dit quelque chose et surtout ils ont fait dire des choses qui resteront des stigmates indélébiles pour leurs adversaires.

Mais s'ils ont dit quelque chose, c'est malgré les efforts de leurs adversaires qui emploient toutes les subtilités

---

(1) Sténographie du procès, T⁰ p. 301.

légales et toute la force de ministres complices à empêcher la vérité d'éclater.

Dans l'affaire Esterhazy, on a voulu recondamner Dreyfus, à huis-clos encore.

Cependant les hommes de l'état-major sont si troublés que c'est grâce à eux, à leurs indiscrétions qu'on a pu démontrer l'innocence de Dreyfus..

Ce sont eux qui, dans l'*Eclair*, en publiant le récit de la pièce secrète ont prouvé que Dreyfus avait été condamné illégalement.

Ce sont eux qui, en livrant le fac similé du bordereau au *Matin*, ont permis de constater qu'il était identique non pas à l'écriture de Dreyfus, mais à l'écriture d'Esterhazy.

Enfin les membres du second Conseil en ne décidant le huis-clos qu'après avoir laissé se produire toutes les attaques contre le lieutenant-colonel Picquart, nous ont rendu un grand service : car ils nous ont permis de connaître le rapport du commandant Ravary et de le comparer au rapport du commandant d'Ormescheville.

Nous avons vu ainsi, que le général de Pellieux et le commandant Ravary, chargés d'instruire contre Esterhazy un crime de trahison, s'en étaient constitués les défenseurs.

M. Verwoort, ami d'Esterhazy, beau-frère de M. Rochefort, disait dans son inconscience :

« L'acte d'accusation est un acte de réparation pour le commandant Esterhazy. »

Et M. le général de Pellieux, à la Cour d'assises, a déclaré qu'il avait été fier d'avoir fait acquitter son cher commandant.

Pourquoi tous ces agissements ?

Le colonel Picquart a donné le mot de l'énigme lorsqu'il a dit à la Cour d'assises : « Les artisans de l'affaire précédente, qui se lie intimement à l'affaire Esterhazy, ceux qui ont travaillé en conscience, je le crois, pensant qu'ils étaient dans la vérité, le colonel Henry et l'archiviste Gri-

belin, aidés du colonel du Paty de Clam, sous la direction
du général Gonse, ont reçu du regretté colonel Sandherr
— qui déjà, au moment de cette affaire, était atteint de la
grave maladie (la paralysie générale) dont il est mort
depuis, — comme par une sorte de testament, au moment
où il quittait le service, le soin de défendre contre toutes
les attaques, cette affaire qui était *l'honneur du bureau*. »

On veut faire prendre au public l'honneur du bureau
pour l'honneur du drapeau !

Voilà donc pour quel misérable objet, on agite le pays,
on le menace, on réveille toutes les vieilles haines reli-
gieuses, on fait oublier à la France républicaine les principes de 1789 : L'égalité de tous les citoyens devant la
loi ; le respect des formes légales pour tous ; la responsabilité effective de tous magistrats, fonctionnaires, agents,
militaires ou civils, qui violent la loi ; la subordination de
la force publique aux pouvoirs civils.

Après les révélations sur les rapports d'Esterhazy avec
le colonel Schwarzkoppen, (le *Siècle* 4 et 7 avril) confirmés
par les journaux étrangers et la note officieuse, les journaux de l'état-major n'ont trouvé rien de mieux que de
dire : « le colonel de Schwarzkoppen fut la dupe docile
des officiers de notre service de contre espionnage. » Il en
résulterait que les documents visés dans le bordereau,
auraient été remis par Esterhazy pour le compte de l'état-
major. Mais alors, la poursuite contre Dreyfus devien-
drait un crime.

Nous avons posé à l'Etat-major la question suivante :

— Oui ou non, le commandant Esterhazy était-il d'accord avec le chef de l'état-major de l'armée française, le
général de Boisdeffre, lorsqu'il allait porter au colonel de
Schwarzkoppen, attaché militaire à l'ambassade d'Allemagne, les 162 documents qu'il lui a livrés de 1892 au
10 novembre 1896 ?

Après quelques jours d'hésitation, le *Jour*. la *Patrie*,
l'*Intransigeant* ont répondu, avec leur bonne foi habituelle.
que c'était nous qui avions inventé qu'Esterhazy avait été

un agent français et que c'était complètement faux. M. de Boisdeffre se rappelait sans doute la note de l'*Agence Havas* du 4 décembre ainsi conçue :

« Le général de Boisdeffre n'a jamais télégraphié ni
« écrit quoi que ce soit au commandant Esterhazy, qu'il
« n'a jamais vu ni connu, et auquel il n'a jamais fait ni
« fait faire la moindre communication.

— « *Signé :* BOISDEFFRE. »

Esterhazy n'a donc pas été un agent de l'Etat-major français.

Il a été un agent travaillant pour le compte de l'Allemagne.

Il y a un traître, c'est lui : et les amis du traître, ce sont ses protecteurs.

CONCLUSIONS

I

Le devoir du Ministre de la Justice

Comment la revision du procès Dreyfus peut-elle avoir lieu? Quels sont les moyens légaux à employer?

L'article 82, du Code militaire est ainsi conçu :

« Les dispositions des articles 441, 442, 443, 444, 445, 446, 447 et 542, paragraphe 1, du code d'instruction criminelle, SONT APPLICABLES AUX JUGEMENTS DES TRIBUNAUX MILITAIRES. Il n'est pas dérogé aux dispositions de l'article 525 du même code. »

L'article 443, modifié par la loi du 8 juin 1895, prévoit quatre cas où la revision pourra être demandée.

Le quatrième est déterminé de la manière suivante :

« 4° Lorsque, après une condamnation, un fait nouveau viendra à se produire ou à se révéler, ou lorsque des pièces inconnues lors des débats seront représentées de nature à établir l'innocence. »

Il y a évidemment des faits nouveaux depuis la condamnation de Dreyfus; entre autres la constation que le bordereau était non de l'écriture de Dreyfus, mais de l'écriture d'Esterhazy; la preuve des rapports d'Esterhazy avec M. de Schwarzkoppen.

L'article 444 dit :

« Le droit de demander la revision appartiendra, dans le quatrième cas, au ministre de la justice seul, qui statuera après avoir pris l'avis d'une commission composée des directeurs de son ministère et de trois magistrats de la Cour de cassation annuellement désignés par elle et pris en dehors de la chambre criminelle. »

Voilà pour la revision directe. Mais il y a un cas de revision indirecte, c'est celle qui dérive d'un cas de nullité.

Il est prouvé par les dépositions de M⁰ Demange, de M⁰ Salles, du général Mercier qu'il a été produit au Conseil de guerre une ou plusieurs pièces secrètes que la défense n'a pas connues.

« Si cela était vrai, a dit M. Manau, procureur général près la Cour de cassation, il n'est pas douteux que la décision serait frappée d'une nullité radicale.

« Mais comment cette nullité peut-elle être con ée? Elle ne peut l'être encore que par la Cour de ca on, saisie par son procureur général, en vertu de l'ordre reçu par ce dernier de M. le Ministre de la Justice. »

C'est la disposition de l'article 441 du code d'instruction criminelle, qui est applicable, en vertu de l'article 82, aux jugements des tribunaux militaires et qui porte :

« Lorsque, sur l'exhibition d'un ordre formel à lui donné
« par le ministre de la Justice, le procureur général près
« la Cour de Cassation dénoncera à la section criminelle
« des actes judiciaires, arrêts ou jugements contraires à
« la loi, les actes, arrêts ou jugements pourront être
« annulés et les juges poursuivis s'il y a lieu, de la manière
« exprimée au chapitre II du titre IV du présent titre. »

« Or, dans l'affaire actuelle, ajoutait M. Manau, aucun ordre semblable n'a été donné au procureur général. »

Le procureur général ne pouvait pas dire plus clairement : « — J'attends l'ordre du garde des Sceaux et je suis étonné qu'il ne me soit parvenu, car c'est le garde des Sceaux qui possède seul **les moyens légaux** pour procéder à la revision. »

Il est dans l'obligation d'en user : car le ministre de la Justice n'est pas seulement le ministre de la justice civile, il est le ministre de toutes les formes de la justice, de la justice militaire comme de la justice commerciale : il est le gardien des lois ; il doit en imposer le respect à tous, quelle que soit leur qualité.

Si le garde des Sceaux admettait qu'un Conseil de guerre eût droit à l'illégalité, il serait forcé de l'admettre pour un tribunal. S'il l'admettait pour les hommes chargés d'appliquer la loi, il devrait l'admettre à *fortiori* pour les justiciables : et alors c'est la proclamation de l'anarchie.

Un Conseil de guerre qui juge illégalement détruit la loi et établit l'anarchie : croyez-vous que l'armée puisse être fortifiée par l'anarchie ?

Le *respect de la loi* est supérieur au *respect de la chose jugée,* et la *chose jugée* n'existe pas quand elle l'a été illégalement.

Est-ce donc une innovation si grande que nous demandons ?

Napoléon, qui ne péchait point par excès de scrupules juridiques, saisit, le 20 décembre 1813, la Cour de cassation de l'affaire Sébastien Ellembergh, condamné à seize années de fer.

Fabry avait été condamné, le 2 juin 1815, par un Conseil de guerre. Il était la victime de concussionnaires qu'il avait dénoncés. Le 15 juillet 1819, intervint une ordonnance du roi pour faire reviser le procès.

Dans ces dernières années, depuis la loi de 1894, le garde des Sceaux a saisi la Cour de cassation dans diverses causes.

Dans l'affaire Naudin, il est intervenu le 25 juin 1896 ; dans l'affaire de la veuve Druaux, le 26 juin 1896 ; dans l'affaire Bodelle, le 11 décembre 1897. Il a provoqué aussi la cassation d'un jugement du Conseil de guerre d'Alger dans l'affaire Taleb-ben-Amar, et la cassation a eu lieu le 22 janvier 1898.

Ce n'est pas au lendemain de la réhabilitation de Pierre Vaux qu'on peut affirmer que l'administration de la justice n'est jamais troublée par d'autres sentiments que le respect de la vérité. Quand Pierre Vaux a été réhabilité, il était mort depuis 24 ans.

Le garde des Sceaux veut-il attendre la mort de Dreyfus pour agir? Cet événement aggraverait sa responsa' mais ne le dégagerait pas de son devoir.

Au nom de l'ordre public, du respect de la loi des Sceaux A LE DEVOIR D'AGIR!

Si Dreyfus a été condamné sur des pièces secrètes, non versées aux débats, sa condamnation est illégale.

Si Dreyfus a été condamné sur le bordereau, il a été condamné sans preuve : car le bordereau n'est pas de son écriture, mais de l'écriture d'Esterhazy.

L'honneur de l'armée ne consiste pas à maintenir une condamnation illégale et inique et à couvrir le coupable.

D'après tous les témoignages des professeurs de l'Ecole des Chartes, d'après toutes les preuves littérales et testimoniales, *Esterhazy est le traître* : et nous avons le droit de dire que ceux-là qui le protègent sont les amis du traître.

13 Avril 1898.

YVES GUYOT

401-4-98. — VINCENNES, IMP. L. LÉVÉ, 2, RUE LÉBARTEL.

212

www.ingramcontent.com/pod-product-compliance
Lightning Source LLC
LaVergne TN
LVHW021721080426
835510LV00010B/1078